コミックを読むだけで片づけのノウハウがわかる！

片づけたら 1年で 100万円貯まった！

ピロロロロロ〜
ブブブ
義母さん
2時間後
えっ
ええ はい 大丈夫です…
義母が我が家にやってきます
どうしよ〜っ
ぐちゃ
ぐちゃ
ヒー
ふーん おふくろ来るんだ
ブー
ブー
片づけなきゃ!!

とりあえず
散らかってるものは
物置き部屋
（ホントは子ども部屋）
に……
ささっ
ドタドタ
ささささっ
急いで
運ばないと！
ドタ
オレも手伝うよ
よっこいしょ
おやつまだ〜
?
とりあえず
押し込んで…
ポイ
ポイ
ポイ
ハッ
ない!!
お茶菓子も
買わなきゃ
えっほ
えっほ
ピンポーン
まさか!?
早くない？
よかったら
これ おすそわけ
ヘッ!?
高級菓子の
いただきもの…
美香さん
って
神いぃ
ついでに
片づけも
手伝って〜

そしてー
ピンポーン
麻衣子さん久しぶりね
おばあちゃーん
いらっしゃい
あらーキレイにしてるのね
お菓子まで…
いえいえ
あせりましたよ
ピンポーン
ガチャ
昨日は本当にありがとう!!
コレお礼よ
義母からもらったの
よかったら中に入って
おじゃましまーす
ハッ

いらっしゃい!!
スッキリ
まっ、まぶしい～
ショールームかよ！
それに比べて私は…
部屋も汚いしいつも金欠だし
ザ、ダメ主婦
片づけは誰にでもできるし片づけでお金も貯まるのよ
片づけでお金!?

もくじ

第1章 片づけの基本

第2章

片づけの実践

キッチン

洗面所

第3章 お金の片づけ

登場人物紹介

麻衣子（33）

ゴロ寝大好きなものぐさ主婦。片づけが苦手で、ものがいっぱいの汚部屋をなんとかしたいと思っている。

美香（35）

おしゃれが大好きな麻衣子のママ友。スッキリ片づいた家に住んでいるが、かつては片づけられないダメ主婦だった。

太一（10）

麻衣子の息子で小学４年生。食べることとサッカーが大好き。ママ同様に片づけが苦手。

奈々先生（ヒミツ）

キュートな整理収納アドバイザーで、美香の片づけの先生。片づけレッスンだけでなく、家計簿の講師もしている。

健一（36）

麻衣子の夫。サラリーマン。おっとりしていて、汚部屋も気にならない。マンガが好きで、コミックを大量に持っている。

晴美（60）

健一の母。しっかり者で、きれい好き。突然家にやって来るので、麻衣子には怖がられている。

第１章

片づけの基本

仕分け→収納の順で
ものをどんどん
片づけよう！

ピンポーン
紹介するわ
奈々先生は
私の片づけの先生なの
はじめまして
キレイな人〜
……って
片づけに先生？
そんなキレイ好きだった？
今にその理由が
わかるわよ
美香さんも
かつては
ひどい汚部屋に
住んでたんですよ
どよ〜ん
うっそ
ゆーひどいっ
でもそれが今じゃ
こんなにキレイに！
しかも先生のおかげで
お金まで貯まる
ようになったの

キレイになるのはわかるけど、なんでお金まで貯まるの？
Why ?
じゃあ麻衣子さん思い出してみて
今あなたのクローゼットにスカートが何着ありますか？
えっ？えっと…
クローゼットに服はいっぱいあるのに
みっちり
セールだからって衝動買いして
SALE☆
カードで!!
ものがあふれてお金がなくなったことはない？
あ、あるかも…
そのクセ口グセは「着る服がない…」
ズバリ!
汚い家にお金はたまりません!!
ゔっ
グサッ

ガーン…
うちはお金が貯まらない家
片づけてお金の貯まる家にしましょ!
そうだよ
ハッ
片づけるとお金が貯まる理由はね……
片づくとものの量が把握できるから
特売!
ティッシュ 250円
でも5箱あったなー
あっ安い!!
無駄買いしない

片づくと
余分なものを
増やしたくないから
わぁステキ！
でも部屋に合うかな…？
置き場所は？
今はやめとこ
買う時の「基準」ができてお金を有効に使える
片づくと
お掃除もラク♪
スイ
スイ
家事の時間が減るから仕事ができる
パートで働こうかな？
求人
収入UP!!
でも私
片づけに成功したことないんです
根気がなくて続かないし
捨てないの？
うわー懐かし〜
古い雑誌
思い出あるし
いつかは使える？
ものが捨てられないんです

私には片づけの才能がないんです
ララ〜
大丈夫 誰にでもできるわよ
歌上手ね
片づけにはコツがあるの
①全部出す
②いらないものを捨てる
③使いやすく収納する
フムフム
なるほどね
まずは、麻衣子さんのお財布を片づけてみましょう!
これを応用すると お部屋を片づけられるわ
①全部出す
ドサーッ
どんだけ出てくるの!!

②いらないものを捨てる
何入れてるのよ
Point
クーポン
コスメ
試供品
レシートの山
photo
期限切れのものや財布に入れるべきでないものは財布に入れない！
こんなにたくさん!!
いらないもの
いるもの
③使いやすく収納する
カード類はジャンル別に収納するの
例えば…
キャッシュカード
クレジットカード
ICカードなど
診察券
会員証など
免許証
保険証など
使いやすそー
私もやってるよ
使ったら元に戻すのよ
これはココにこっちは…
片づいた！
その後
ポイントカードはお持ちですか
point
ありますっ
サッ
おっやるね!!
500円分ポイント貯まりましたよ
祝
人生初、ポイントが金券に！
片づけってイイネ!!
やったー

片づけが
もたらす効果

部屋がキレイになるだけじゃない！
片づけるとご褒美がいっぱい返ってくる

片づけは面倒くさくてやる気が出ない。また、せっかく片づけてもすぐに散らかってしまう……と悩む人も多いでしょう。しかし、片づけは、部屋をキレイにするだけではなく、次の３つのような効果もあるのです。

①お金が貯まる

②時間ができる

③ストレスが解消される

こんなに多くのメリットが得られるのが、片づけの魅力。「部屋が散らかっているから、仕方なく片づける」という後始末としてのマイナスな動機ではなく、「片づけるといいことがたくさんある」というプラスのイメージで片づけをとらえ直しましょう。

片づけないとこんなことが！

片づけないと、部屋が散らかるだけでなく、お金や時間、心にも様々なマイナスをもたらします。

片づけられないと……

- ものがどんどん増える
- 何をどれだけ持っているかがわからず、余計なものを買ってしまう
- 探し物に時間がかかる
- ものが見つからない、なくすなどのトラブルが増える
- 散らかった部屋に不快を感じイライラする
- ものが散らかっているので、家事に時間がかかる

↓ その結果…

時間がなくなる

ストレスがたまる

お金が貯まらない

片づかない理由

うまく片づけられないのには、理由があります。自分に思い当たることはありませんか？　原因を解決して、片づけられる人になりましょう。

ものが多すぎる

他の人が持っているものや流行もの、セール品などをつい買ってしまうと、ものがあふれて収納しきれません。

上手に収納できていない

ものの置き場所を決めていないと、散らかりがち。また、収納スペースに無駄があり、うまく使い切れずにものがあふれることも。

ものが捨てられない

使っていなくても、「壊れていない」「高かった」などの理由で捨てないと、ものはたまる一方。「いつか使うかも」という考えも片づけの妨げに。

心情的に捨てにくい人形やぬいぐるみ、人からのいただきものなどもたまりやすい傾向にあります。

リバウンドするとあきらめている

「片づけてもすぐ散らかってしまった」という経験があると、「どうせ、すぐに散らかる」と思うようになり、やる気が出なくなります。

完璧にやろうとして挫折してしまう

「一気に片づけよう」という目標を立てると挫折しがち。「完璧に片づけるには道具や時間がない」と準備の段階でくじけてしまうことも。

片づけると
お金が貯まる理由

片づけると、無駄買いがなくなる。お金も時間も節約できて、貯金アップ！

片づけを始めると、自分がいかに多くのものを持っていたかに気づきます。必要なものだけを残していく中で「今の生活には何がどれだけ必要か」がわかったら、それをもとに買い物のルールをつくりましょう。「洗剤のストックは1つまで」「新しい服を買うなら、古いものは捨てる」などのルールを決めれば、無駄買いが減ってものもあふれません。また、インテリア雑貨などを買う時も「置く場所はあるか」「その場所に似合うか」などを吟味してから買うようにすれば、本当に必要なものだけを選べるようになります。じっくり考えて購入したものには愛着が湧き、長く使い続けるので節約にもなるでしょう。また、部屋が片づいていると家事も手早くでき、空いた時間で仕事をして収入アップも可能！　片づけは貯金にも役立つのです。

片づけ上手はやりくり上手

買い物の基準があると、無駄買いが防げます。自分なりの買い物ルールを決め、実践しましょう。

在庫がわかるからダブり買いしない

部屋が片づいていると、何がいくつあるかがすぐにわかります。同じものを買ってしまう失敗を防げ、お金や場所を無駄にしません。

買う基準ができるからお金を有効に使える

買い物ルールを決めると、セールの文字や気分にまかせた衝動買を防げます。「気がつけばお金がない」を減らします。

やりくりやプチ稼ぎの時間ができる

ものが片づいていると、掃除や料理などの時間が減ります。その分を家計簿を見直す、パートに出るなど、やりくりに使えます。

片づけは
誰にでもできる

片づけの基本は3ステップ
小さな場所から始めよう！

片づけるといいことがあるとわかっていても、自分にできるか不安な人も多いでしょう。しかし、片づけがうまくできないのは「片づけ方が間違っている」ケースがほとんどなのです。裏を返せば、正しい片づけ方を実践すれば、誰でもうまくいくということ。片づけへの苦手意識を捨て、トライしてみましょう。

どんな場所にも共通する片づけの基本は、片づけたい場所のものを全部出す→いらないものを捨てる→残ったものを使いやすく収納する、の3つ。これを守ればスムーズに片づけられます。片づけが苦手な人は財布やバッグ、引き出しなど、小さいところからチャレンジしてみましょう。「うまく片づけられた！」という達成感が得られやすく、部屋の片づけも自信を持って取り組めるようになります。

片づけの基本の3ステップ

この手順で片づけていけば、誰でも片づけ上手になれます。

1. ものを出す

片づける場所に入っているものを全て出します。片づけ始める前に、ものを広げる場所を確保することも忘れずに。

2. 不要なものを捨てる

壊れているものや使っていないものを捨てます。まだ使えたとしても、収納スペースに入らなければ、捨てることを検討しましょう。

3. 使いやすく収納する

使用頻度の高いものを手前に置くなど、使いやすさを考えて収納します。中身がわかるよう、ラベルを貼るのもおすすめ。

ファミリーレストランにて
パク
ねえ 聞いて
どうしたの？
パク
パク
この間1日かけて リビングを片づけたの
ぽい
ぽい
おもちゃを片づけて…
脱いだものは洗たく機に
ドサッ
積んだだけ〜
本をキレイに!!
でもね あっという間に
ぐちゃ
ぽい
ぽい
ガオー
ぐちゃ
せっかく片づけたのに〜っ
アハハハ…
ぐちゃ
元の汚部屋に……

あの2人がいる限り片づかないわ
白ハタ
負けた…
あきらめたらそこで
試合終了よっ
えっ!?
奈々先生に教えてもらったんだけど
部屋の片づけは自分だけのスペースから始めるといいの
どうして?
家族に確認しなくていいし
これ捨てていい?
えっ!?
家族のものは勝手に片づけられないからね〜
片づけた後も…
スカートはココに戻す!!
自分で管理できるでしょ

それじゃあ今からクローゼットを!!
ちょっとまった!
片づけは段取りが大切よっ
段どり??
はぁはぁ
部屋を片づけるその前にね
片づけ前にこれを確保!
●片づける場所の「広さ」と「ものの量」に合わせた作業時間
●片づける「もの」を広げる場所
●「ゴミ」を捨てるための情報
これをしないと……
時間が足りなくて
片づかない!!
もうこんな時間!?
ママーおなかすいた
せっせ
せっせ
ALBUM

広げる場所が足りなくて
仕分けられない!!
置けない〜
ゴミが捨てられなくて
部屋にたまる!!
粗大ゴミ回収の申し込みまだだった…
ボロ ボロ
全部思いあたるわ…
ゾッ!
だからねスケジュールを組んでおくの
17日(月) 18日(火) 19日(水) 20日(木) 21日(金) 22日(土) 23日(日)
24日(月) 25日(火) 26日(水) 27日(木) 28日(金) 29日(土) 30日(日)
粗大ゴミ受付センターに申し込む
粗大ゴミ回収日
子ども部屋片づけ８時間
住んでいる地域の粗大ゴミの取り扱いに合わせてスケジュールを組んでね
片づけの日がきたら片づけるものを全部広げて
押し入れ
いらないものを全部捨てる!!

捨てるのって難しくない？
いつもね
うーん これは…
迷ったらコッチ!!
なかなか捨てられなくて…
モリ
モリ
ちんまり
残すもの
捨てるもの
ものを仕分ける基本はね……
仕分けの基本
① よく使うもの
② 時々使うもの
③ ストック
④ ゴミ
①～③の数を収納スペースに合わせて決めるの
(例) 6つのスペースがあれば
①…3コ ②…2コ ③…1コ
フタ付き
どうしても捨てる決心がつかないものは仮置きボックスへ
おもちゃ
20XX年9月末まで
自分で決めた期限までに
使わなければ捨てる

片づける時は これらの道具を 用意して
マスク
ポケットつき エプロン
可燃
不燃
各種ゴミ袋
ビニールひも
ハサミ
マスキングテープ
メジャー
＋油性ペン
なんだか 片づけって 大変ね
やる気 なくしそー
そう！ 片づけは 大仕事 なのよっ
ビクッ!
ドン
だから片づけの日は 他の家事を サボればいいのよ
食事は 出前か 外食で
サボるの 大好き
さらに やり終えた時の ご褒美を 決めておくと 頑張れるわ
ケーキ
終わったら 食べよー とかね
ご褒美 何に しよう かな～
迷っちゃう～
早く 段どり してよ～
ぼく イチゴ ケーキ!!

片づけの準備

片づけ前の段取りが、成功のポイント
場所・目標・時間を決め、片づけをスムーズに

思いつきで、何の準備もなく片づけると失敗しがち。段取りをきちんとしてから始めると、うまくいく確率が上がります。片づけが苦手な人は、自分が管理していて、ものが少ない場所から始めるのがおすすめ。場所が決まったら、そこの改善点を書き出しましょう。玄関なら「靴が出しっ放しにならないようにする」など、目標を決めておくと「何をどう片づければいいか」が見え、スムーズに片づけられます。

次は、片づけをする日を決めます。まず、ものの量と広さから必要な時間を予測し、自分のスケジュールと照らし合わせます。この時、粗大ゴミが出そうなら回収日を確認し、その日の近くで片づけるようにすると◎。分別用のゴミ袋やラベルの道具など、片づけの道具もそろえておきましょう。

片づけを始める前に

思いつきで片づけ始めるのは挫折のもと。しっかり準備して、片づけを成功させましょう。

クローゼットや押し入れから始めるのがおすすめ

捨てるかどうかを自分だけで判断できるクローゼットは、片づけ初心者向き。不用品が多く、ものが捨てやすい押し入れもおすすめ。

リビングなど、他の家族が使うものが混在している場所は、捨てるかどうかを持ち主に聞かないといけないので後回しにしましょう。

問題点を書き出すとやる気がわく

片づけ場所の問題点を書き出し、どう改善するか考えます。事前に目標を立てることで、片づけの意欲もアップします。

押し入れ1間	6時間~12時間
クローゼット幅70cm	6時間
キッチン	6時間 ~12時間
洗面所	洗面台下は3時間 全体だと6時間

完全に終わらせるためのスケジュールを立てる

1つのエリアにかかる時間の目安を参考に、片づけの時間を確保しましょう。時間がなければ、家族や友人に助けてもらってもOK。

仕分けの基本

片づけの最重要ポイントは仕分け 使用頻度などで４つに分類し、整理する。

片づけ成功の鍵は、残すものと捨てるものを決める「仕分け」にあります。感覚だけでものを仕分けると、捨てる決心がなかなかつかず、結局ほとんど残すことになりがち。そこで、何を残すかをスムーズに判断できるよう、次の手順で仕分けましょう。

まずは、片づける場所のものを全て出し、グループ分けします（→Ｐ35）。その後、さらに次の４つに分類します。

①よく使うもの　②時々使うもの　③ストック　④ゴミ＝破損して使えないもの

①～④に分類したら、まず④を捨て、①、②、③を収納スペースに合わせて絞り込みます。②③があまりに多い人は、収納を無駄にしている可能性があるので、見直しをしましょう。こうすればスムーズに仕分けることができ、必要なものだけを残せます。

スムーズな仕分けの方法

仕分けが成功すれば、片づけの８割が終わったようなもの。下のキッチンの仕分けを参考に、いろんな部屋のものを仕分けしましょう。

1. キッチンのものを用途に合わせてグループ分けする

食器

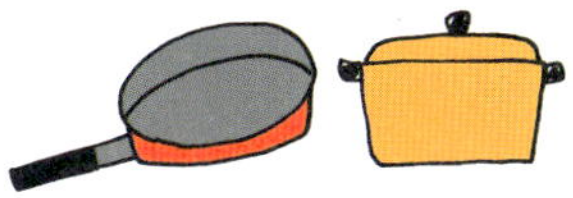

調理器具

カトラリー

キッチン雑貨

2. グループ内のものを４つに分類する

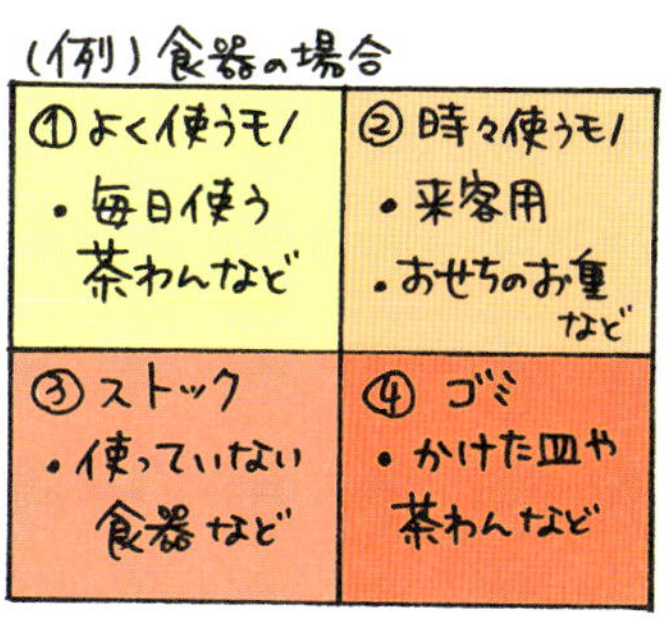

(例)食器の場合

①よく使うモノ ・毎日使う茶わんなど	②時々使うモノ ・来客用 ・おせちのお重など
③ストック ・使っていない食器など	④ゴミ ・かけた皿や茶わんなど

3. よく使うものを中心にバランスを考えて捨てる

④はすぐ捨てる。②が多い人は、リースなどを使いものを減らす工夫を。③が多い人は、収納に合わせてストックの上限を決めると◎。

捨て方の基本

捨てれば片づけのスピードアップ かさばるものから捨てていこう

片づけが苦手な人は、「まだ使えるのに捨てるのはもったいない」と、ものをためこみがち。しかし、それによってものが増え、収納スペースを無駄にするのはマイナスです。ものを捨てると「部屋がスッキリする」「掃除しやすい」など、多くのメリットがあります。空き箱などのかさばるもの、使用期限が切れた使えないものなど、捨てやすいものから処分し、捨てグセをつけましょう。また、「とりあえずレジ袋は引き出しにしまう」というクセがあると、本当にいるのかを考えないままため込むことに。しまう前に、必要かを考えるようにしましょう。捨てることを意識していくと、買い物中も「捨てるのが大変だから買うのをやめよう」などと考えられるようになり、無駄遣いを減らせます。「捨てる」ことはものを減らし、お金を増やす効果があるのです。

捨てグセをつけるコツ

ものを減らせば、日々の片づけもラクになります。捨てやすいものから徐々に捨てていきましょう。

捨てやすいものから始めよう

①かさばるもの、使えないもの

空き箱、電線したストッキング、穴のあいたセーター、賞味期限切れの食品や調味料など

②使っていないもの、持ちすぎているもの

何年も着ていない服、読まなくなった雑誌や本、大量にキープしていた紙袋や割り箸など

③大きめの不用品

2、3回使ったきりの鍋、使っていない健康器具や家電、古くなったインテリアなど

捨てにくいものは、寄付やネットオークションへ

いただきもののタオルや食器など、使わないけど捨てにくいものは、寄付やネットオークションを利用して手放すのも◎。

片づけを習慣化する

1日5分でも続ければ、片づけ体質にリバウンド防止にもおすすめ

時間をかけて部屋を整理し、キレイに片づけても、ものを使った後に元の場所に戻さなければ、あっという間に散らかってしまいます。

そんなリバウンドを防ぐため、1日のスケジュールの中に、出しっ放しになったものを片づける時間を組み入れましょう。はじめは5分だけでもＯＫ。食事の片づけをした後に、キッチンを片づける時間を5分とるなど、家事の後に片づけを組み込むと忘れずにできます。

同じことを3週間続けると習慣化するといいます。片づけも習慣化すると、片づけをするのが当たり前になり、いつもキレイな状態をキープできます。

片づけを習慣化するコツ

朝、歯を磨くように、毎日続けていると片づけも習慣化します。はじめは５分からでいいので、コツコツ続けましょう。

朝と夜のプチ片づけでキレイをキープ

朝出かける前、夜寝る前の５分で、出しっ放しのものを指定席に戻しましょう。キレイな状態が保て、片づけが好きになります。

片づけの成果を確認しやる気アップ！

片づけ前と後の部屋を撮影して見比べると、どれだけキレイになったかがわかります。この状態を続けよう！ という気力がわきます。

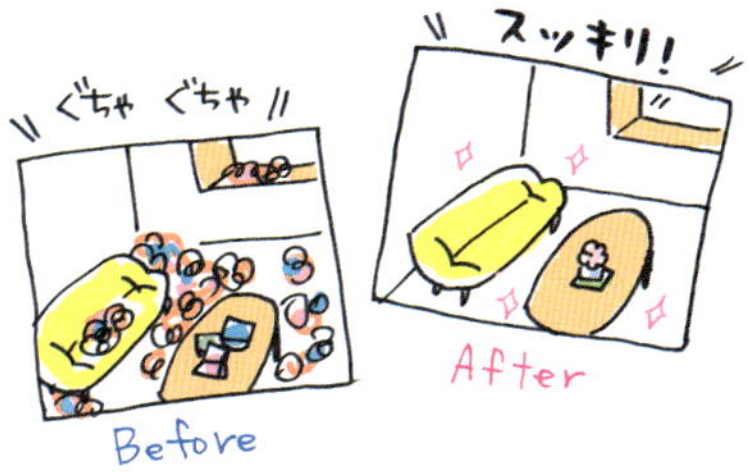

タイマーで片づけ時間を計ってみる

片づけの時間をタイマーで計ると、５分で○○できるという目安がわかり、スキマ時間を片づけに使おうという意識が持てます。

奈々先生の片づけコラム

片づけたら、自分にご褒美

片づけは大変な作業だからこそ、やり遂げたらご褒美を。それが片づけ成功の秘訣です。

片づけ後のお楽しみを用意します。

片づけを成功させる秘訣はいろいろあるのですが、私のおすすめは、「頑張った自分にご褒美」作戦。

片づけを始める前に「終わったらケーキを食べよう」など、ワクワクすることを決めておきます。すると、片づけ中に挫折しそうになっても、「終わったらあのケーキが食べられる」とやる気が復活するのです。セミナーでも、この作戦を紹介しているのですが、多くの人から「ケーキを予約してから片づけを始めたら、楽しく作業ができました」という声をいただき、効果を実感しています。

第2章

片づけの実践

家の場所別に
お金の貯まる
片づけ術を公開！

最近
片づけがんばってるし
ご褒美に
服買っちゃお
わっ
安い!!
50%OFF
SALE
30%OFF
これステキ!!
なんかいいかも!
ふ〜
満足♡
あっ
美香さん
買いもの?
美香さんって
いつもおしゃれね
あらそう?
奈々先生と
クローゼットの片づけをして
似合う服だけを残したの
今シーズンも
10着を着まわしてるの
美香's collection
へえっ
こんだけで…

どうしたら少ない服でおしゃれになれるの？
教えて〜
OK！麻衣子のクローゼット見てあげるわ
麻衣子宅
これなんだけど……
ガチャ
でで——ん!!
服多すぎ！
しかもシワシワじゃないっ
つい買っちゃって……
おしゃれクローゼットのコツ①は
服の量を決めること！
シャキーン
服を外に出したらハンガーラックの幅を測って……
60cmだね

ハンガー1本=2センチ
と考えて…
かけられる服は
最大30着ね
60cm
=
30着
夫婦で使ってるなら半分ね
そうすると
私は15着か
そして
おしゃれクローゼット
コツ②は
似合うかチェック!
姿見で確認して…
似合うかな?
似合わなければ捨てる!!
センスに
自信のない人は
正直な意見を
くれる友達に
相談するのが
いいの!!
私みたいなね!
じゃ、服着てみて!
はいっ
小さっっ
ピチT
ミニスカ
何年前の服よっ
やっと入った〜っ
ぐいっ
ぐい
サイズが合ってない!!
キャワイ〜ッ
ブリ
ブリ
いくつだと思ってるの!!

こんなに似合わないなんて…
せっかく買ったのに…
人の目を介することでいらない服を捨てていけるのよ
2時間後
これが麻衣子のBest Collection！
クローゼットもスッキリ!!
風が通るよー
これからは1着買ったら1着捨てるようにね
似合わない服を買わないから無駄買いもしないわよ
お金も貯まるんだ
パパのもやろーっと
夜
どうだイケてるだろ
ババーン
なんで
えーっ

closet

お金が貯まる洋服の仕分け①

多すぎる服を減らせば お金の貯まるクローゼットになる

服がギューギュー詰めで、収納しきれずあふれている。そんなクローゼットだと、自分が何をどれだけ持っているのか把握できません。そのため、無駄な服を買ってしまい、ますますものがあふれてお金も貯まらない状態に……。そんな悪循環をなくすため、いらない服を捨てましょう。

まず、手持ちの服を全て出し、穴が空いている、体型に合わなくなった、3年以上着てないなど、「明らかに捨てるべきもの」を処分しましょう。その後、残った服がクローゼットに収まりきらなければ「何がいくつ必要かを把握する」「使用頻度の少ないものから処分する」「収納スペースに収まるだけの量にする」の3つをもとに、数を減らしていきます。

正しい服の減らし方

ものを減らす３つの方法を応用して、増えすぎた服を上手に減らしましょう。

ジャンル別に分けて適正量を見つける

トップス、ボトムス、アウター、下着など、手持ちの服をアイテム別に分け、多すぎるものは数を減らしましょう。

子育て中、仕事をしているなど、自分の状況をふまえて、どんな服が必要かを考えるのも大切。

着た服を右に置き左にたまった服を処分

ハンガーバーに目印をつけ、着た服は目印より右に置きます。ずっと左にある服は、着ていない服なので捨ててもOK。

収納スペースに入らない服は捨てる

引き出しの下段はデニム２本とスウェットが３枚など、収納スペースに収まる量を把握し、オーバーしたら処分するように。

closet

お金が貯まる
洋服の仕分け②

センスのいい服を残して
お金の貯まるおしゃれクローゼットをつくる

適正量と収納スペースを考えても、なかなか捨てられないのが、服の片づけの悩み。「おしゃれ」という視点も加えて仕分けをしましょう。女性なら、職場もプライベートもおしゃれでいたいはず。残す服は、「自分をキレイに見せてくれる服」かを基準にします。例えば、5枚のスカートを3枚に減らす場合は、「着てもイマイチ」な服から捨てます。この基準で仕分けをすると、似合うものだけが残った、理想のワードローブが完成します。まだ着られる服を捨てるのはもったいないかもしれませんが、着ないなら、持っている意味がないので潔く捨てましょう。そして、新しく服を購入する時は、必ず同じ数の服を捨てること。すると、服の量を維持できるうえ、捨ててでも欲しいと思うものを買うようになります。衝動買いがなくなり、自然にお金が貯まります。

おしゃれクローゼットのコツ

イマイチな服を捨て、買い方にルールを設ければ、おしゃれでお金の貯まるクローゼットが手に入ります。

残すのは
自分に似合う服だけ！

残すものを選ぶ時は、着た姿を鏡でチェックし、キレイに見える服を選びましょう。迷ったら、自撮りをして見比べるのもおすすめ。

「いつか着るかも」で
服を残さない

「痩せたら着る」「また流行るかも」などの「たられば」はNG。今着ていないなら、思い切って捨てましょう。

新しい服を買う時は
今よりいいものを選ぶ

服は買い足すのではなく、手持ちの服を「買い替える」と考えること。今と同等か、それよりよいと思える服だけを買いましょう。

closet

クローゼットの収納法

上の棚

冠婚葬祭用の靴やバッグ、アクセサリー、数珠、香典袋などをまとめて収納しておくと便利

季節外の衣類は通気がよくて軽い、紙や布製の衣装ケースに入れる

ハンガーは丈の長さ順に並べると、かけた服の下の空間が有効に使える

両サイド

両サイドにできるデッドスペースは、スーツケースやゴルフバッグなど、長いものを入れる

衣装ケースは取り出しやすく、収納しやすい浅型の引き出しがおすすめ。衣装ケースの上には、よく使うバッグを置く

編み物はたたむ織り物はかける

たたんで収納するか、ハンガーにかけて収納するか迷ったら、素材を見ましょう。セーターなどのニット類やTシャツなどカットソーの編み物は、伸びやすいのでたたんで収納します。シャツなど、綿や毛を縦横に織った織物はシワになりやすいので、かけるようにしましょう。

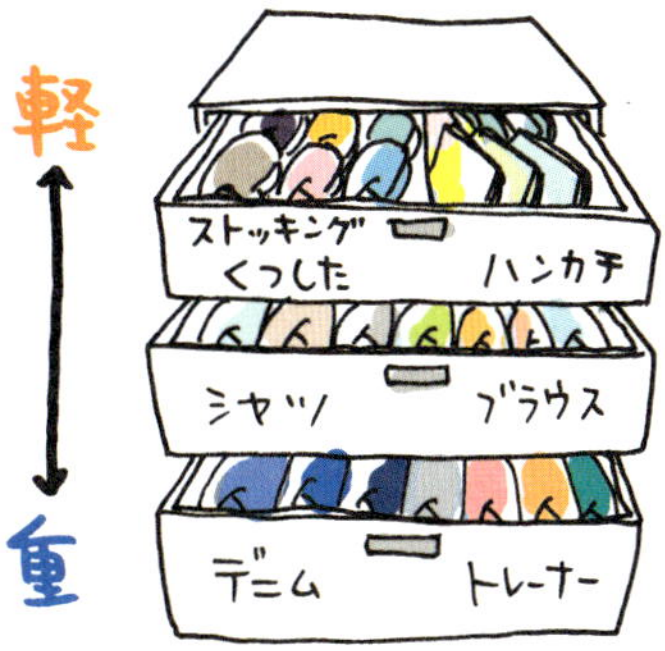

重いものは下に軽いものは上にしまう

引き出し式の衣装ケースは、下に重いもの、上に軽いものを入れると安定がよく、出し入れがスムーズになります。1段に1グループが使いやすいので、下段は重いデニムなどのボトムス、中段はシャツやブラウスなどのトップス、上段はハンカチなどの小物類に分けて入れます。

引き出しは「横2列」で使う

引き出しは、取り出しやすい手前が特等席。ものは、縦より横に並べて入れる方が、特等席が広くとれて◎。よく使うものを手前、あまり使わないものを奥にしまい、出し入れしやすくしましょう。

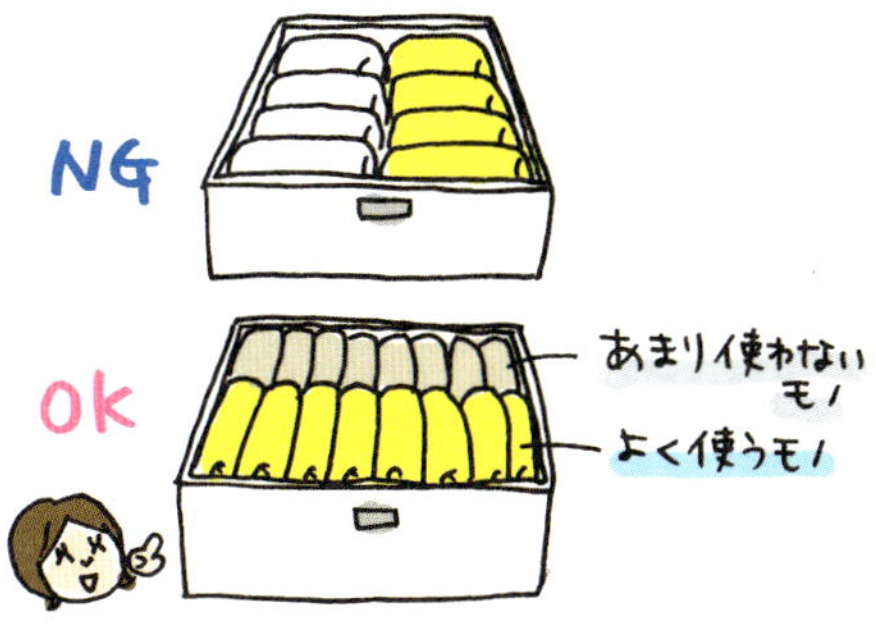

丸めるよりたたむ方が収納力アップ

Tシャツなどを丸めて収納すると、厚みが出てたくさん入らず、周りに無駄なスペースも出てしまいます。引き出しの高さに合わせて、四角い形になるようにたたんで収納すると、空いたスペースが出ず、たくさん入れることができます。

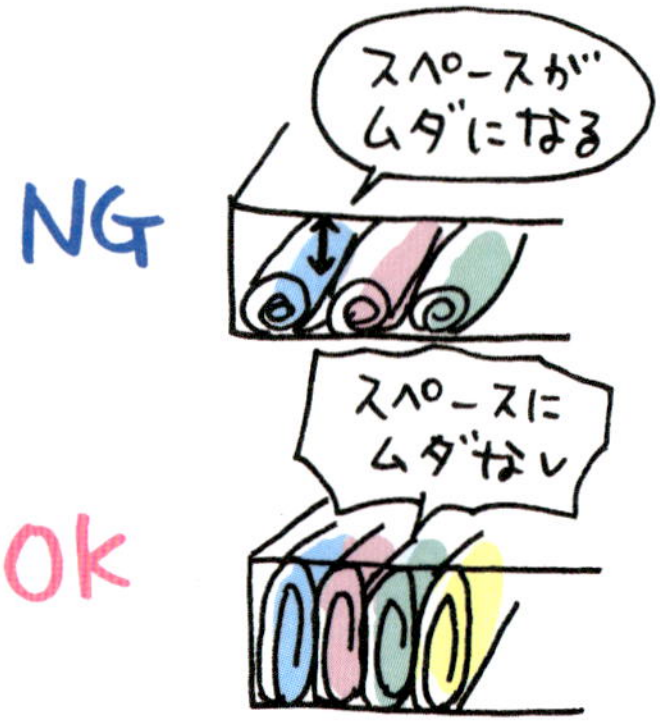

ストールはハンガーに結んで収納する

ストールは、1つのハンガーに2〜3枚結んでしまいましょう。ふんわり結べば外しやすく、シワもつきません。また、滑りやすいネクタイは丸めて仕切りのある収納ボックスに入れるか、ネクタイハンガーを使いましょう。取り出しやすい、フックが回転するタイプがおすすめ。

冠婚葬祭のアイテムはセットで収納する

冠婚葬祭用の服やバッグ、アクセサリーや靴は、1つにまとめて、上の棚に収納します。礼服だけでなく、着るシーンが限られるパーティードレスも、セットで使う靴やアクセサリーと一緒にまとめておくと探す手間が省けます。

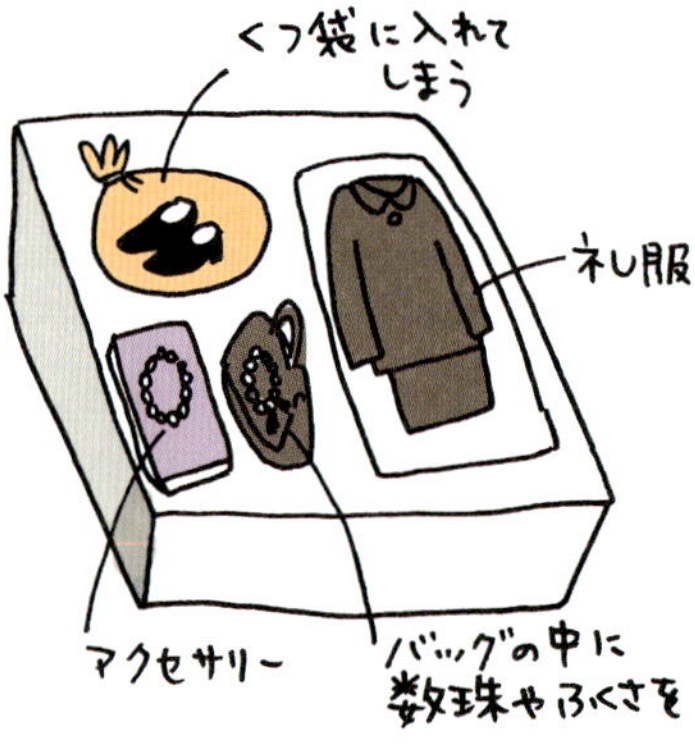

シーズンオフの服は上の棚に収納する

衣替えをして、シーズンオフの服を上の棚に収納すると、スペースに余裕ができ、クローゼットが使いやすくなります。シーズンオフの衣類を預かってくれる、保管サービスのついたクリーニングなどを利用するのもいいでしょう。

共同で使う時は、左右でスペース分けする

夫婦で1つのクローゼットを使うとものがごちゃつき持ち主がわからなくなります。共用する場合は、それぞれのスペースを左右片側ずつに分けます。かけた服も小物類も、衣装ケースにたたんでしまう服も、自分のものは全て自分の側にしまい、各自で管理するようにします。

定期的に中身をメンテナンスする

片づいたクローゼットを保つためには、毎日の片づけはもちろん、定期的にメンテナンスすることも必要です。衣替えの時期は、持ち物を総点検しましょう。買い替えた方がいいものは一掃し、新しく買う場合も、スペースに収まる数だけにすればあふれません。

closet

洋服のたたみ方

シャツ

①一番上のボタンと、下から２番目のボタンをとめる

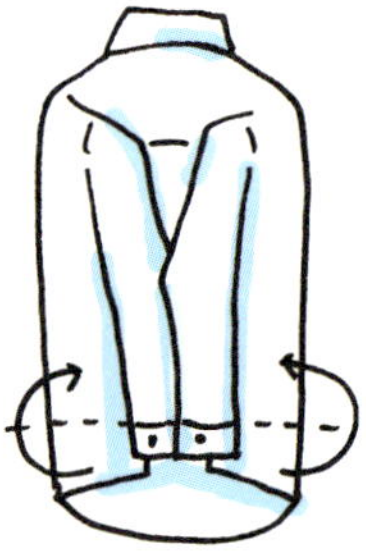

②後ろ身ごろを上にして両脇を折り、そで口で１回折る

③引き出しの高さに合わせて、すそから３つ折りし、えりを上にして立ててしまう

Ｔシャツ

①後ろ身ごろを上にして置く

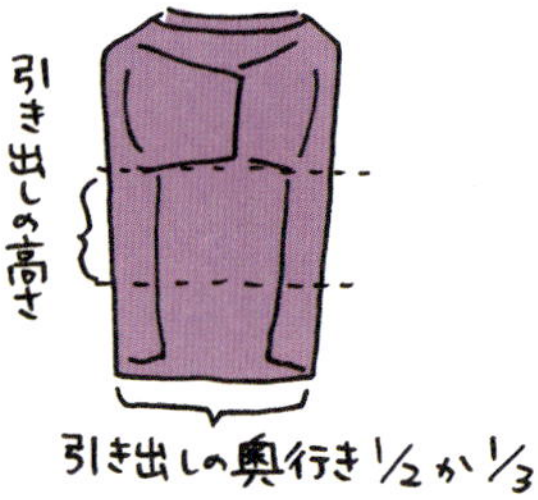

②身ごろの幅が引き出しの奥行きの半分になるよう、両そでを折る。引き出しの高さに合わせて、すそから３つ折りにする

③輪を上にして、立ててしまう

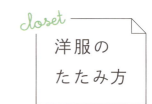

セーター

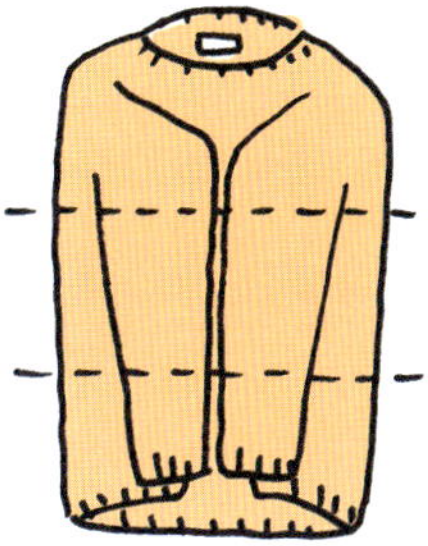

①前身ごろを上にして、身ごろの幅が引き出しの奥行きに合うように両脇を折る。両そでを折り返す

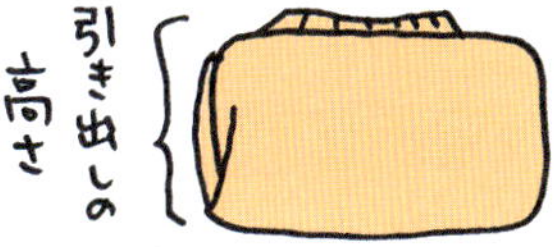

②引き出しの高さに合わせて、すそから3つ折りにする

③輪を上にし、立ててしまう

ジーンズ

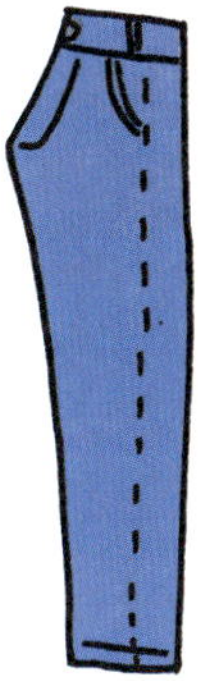

①真ん中から縦半分に折る

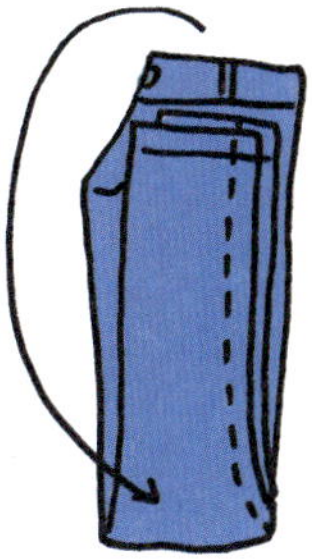

②厚みが出ないよう、ウエストとすそを少しずらして、半分にたたむ

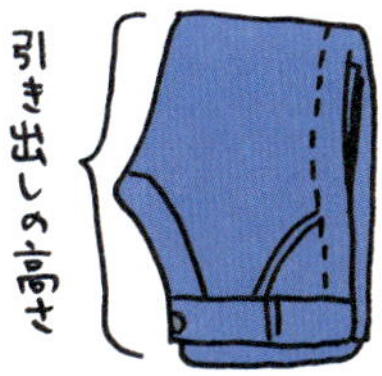

③引き出しの高さにと同じになるように、たたむ。輪を上にし、立ててしまう

ブラジャー

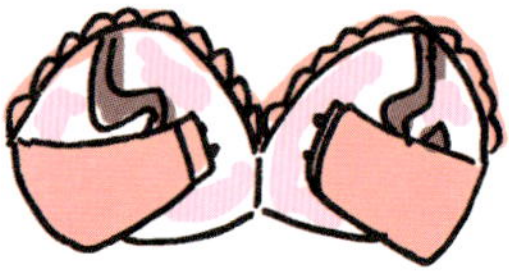

①カップの内側に、ストラップとサイドベルトを入れる

②半分に折り、左右のカップを重ね合わせる

③カップの大きさに合う収納ケースや仕切りを使い、型崩れしないようにしまう

パーカー

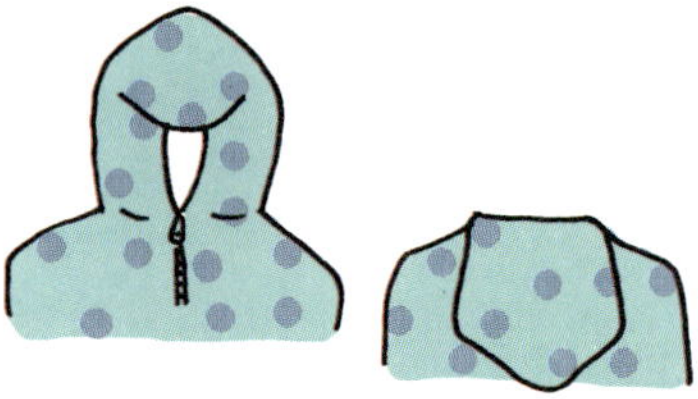

①前身ごろを上にして、フードを下の方に折りたたむ

②身ごろの幅が引き出しの奥行きに合うように両脇を折り、そでを折り返す

③引き出しの高さに合わせて、すそから３つ折りし、輪を上にして立ててしまう

パンプスソックス

①片側のソックスのなかに、もう片側を入れて重ねる

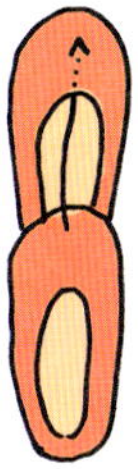

②かかと側をつま先側に入れ込む。輪を上にし、立ててしまう

くつ下

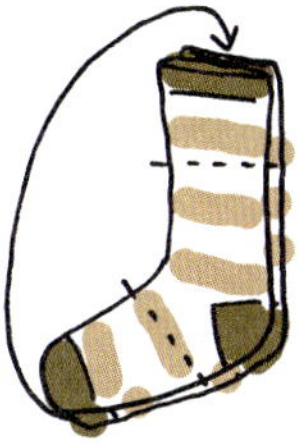

①靴下を重ね合わせて、3つ折りする

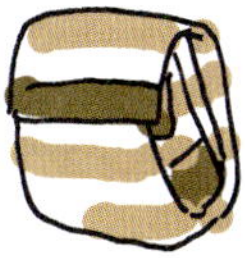

②つま先をゴムの部分に差し入れる。輪を上にし、立ててしまう

ストッキング

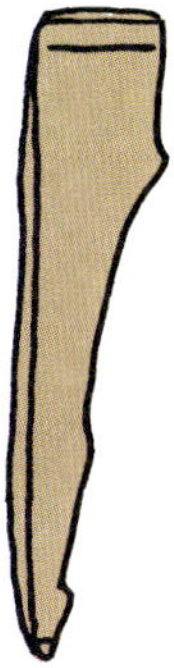

①両足をそろえて、縦半分に折る

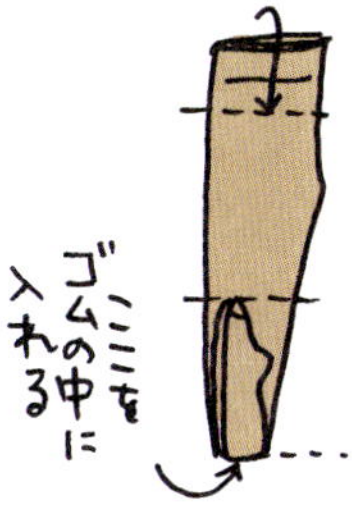

②つま先の方から三つ折りにして、全体をウエストのゴムの中に入れ込む

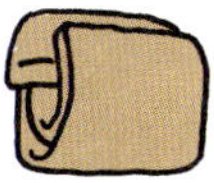

③さらに2つたたみ、輪を上にし、立ててしまう

closet

立ったまま たたむ

「洗濯物を広げる場所がない」「たたんでも運ぶうちに崩れてしまう」などの洗濯物を片づける時に起きる問題は、服をしまう場所で、立ったまま洗濯物をたためば解決します。

Ｔシャツ

①前身ごろを自分に向け、右肩と首の真ん中を右手でつまみ、左手は脇に置く

②右手で押さえながら、左手で脇の部分をを前に送り込むようにして折る

③折った部分を左腕で押さえ、左肩と首の真ん中あたり左手でつまみ、右手を脇の部分に置く

④右手で脇の部分を前に送り込み、左右対称になるように折る

⑤左手でＴシャツを押さえながら、半分に折る。引き出しにしまう場合は、引き出しの高さに調整する

奈々先生の片づけコラム

少ない服でもおしゃれはできる

服が多い＝おしゃれではありません。ベストセラー『フランス人は10着しか服を持たない』にヒントを得て、ひと夏を10着で過ごしました。

10着あれば、ワンシーズン乗り切れます。

この夏は、お気に入りの10着＋ジャケットでひと夏を過ごしました。ビジネスにもプライベートにも着られる服を中心に、お気に入りのものを選び、トップスを5着、ボトムスを3着、ワンピースを2着という構成にしました。

いつどの服を着るか、TPOに合わせて選び、手帳に書き留めておけば、同じ服が続くこともなくなります。

おかげで、クローゼットもスッキリし、快適に過ごせました。読者の皆さんも挑戦してみてください。

片づけ実録

クローゼット

closet

単身赴任中のご主人のウォークインクローゼット。普段は使っていないので、いろいろなものがたまって、中に入ることができなくなっています。

依頼者

- 30代女性
- ご主人は単身赴任中で、2歳の娘さんと2人暮らし

ハンガーバーに服がかけられず、ドアにひっかけている

入りきらない服がむき出し。シーズンオフの服も混ざっている

ものがあふれていて、ウォークインできない

衣類以外のものが入っている

衣装ケースのサイズが合っていないので、引き出しを出せない

ものを全部出した状態。ここから片づけスタートです

全てを取り出し、アイテム別に分類。ここから、クローゼットに入れるものを選びます

サイズが合わない衣装ケースが入り口をふさいでいたので、奥が使えなくなっていました。収納グッズを買う時は、サイズを調べるのが鉄則です。

服をかけ、下のスペースを測り、ぴったりの衣装ケースを入れます

しっかり収納しつつも、ゆとりを感じてもらえる仕上がりにしました

シーズンオフの冬服は収納ボックスに入れて、上の棚へ

出し入れしやすい中段に、ミシンや裁縫道具をしまうコーナーをつくった

衣装ケースの奥に、圧縮した冬の布団を収納した

片づいてるって気持ちいいい～
うっとり
今日は奈々先生に教わりながら我が家の物置部屋の
押し入れを片づけるわよ！
よーし
先生が来る前に準備しておこう！
すでに部屋に散らかったものは運び出したからあとは中のものを……
えいっ
ギギ
あれ？
開かない……
ピ
ポーン
先生だ 呼んできて！
うんっ
ピューーッ
ママ～ッ
ドサ
うわっ
ドサ
ドサ
ドサ

麻衣子さん大丈夫？
お手数かけます
こっちー
うんしょうんしょ
救出中…
よくここまで詰め込んだわね
とりあえず捨てられないものは全部ここだから…
お恥じしい…
片づかない人の特徴ね
押し入れにたまる品々
子どもの絵やアルバム
紙袋や包装紙がどっさり!!
贈答品が箱ごと
家電の箱
etc.…
Album
Album
ケトル
ケータイ

そうしていくうちに ものがたまって 手がつけられなくなるのよ
そして こうなる!!
ごもっとも…
押し入れの片づけの極意は捨てる!!
麻衣子さん いらないものを 仕分けていって！
はいっ
これ 赤ちゃんのとき?
そうよ~
うーん これは新品だし~ これはそのうち使うかも~
……
残す
捨てる
これ本当に使う？ 想像してみて!!
ゴゴゴゴ
いつ使うの? 何年後? 家電はいつ売るの?
引き出もの
家電のハコ
い、いらないです…
ものを捨てる基準は これよ！ 自分に問いかけてね
□ いつか使うって いつ使うの？
□ 使う自分を 想像できる？
□ その量、 本当に必要？
特にこういうものはたまりやすいの
見つけたら即捨てる!!
紙袋
GIFT いただきもの
家電の箱
ドライ
はいっ

1時間後
あ、これもいらないわっ
なんか捨てるのが楽しくなってきました
ホホホ
そうでしょ
捨てる
押し入れのものは捨てるかの決心がしやすいの
ここで捨てられる体質になると他の部屋の片づけもラクよ〜
そうなんだー
仕分けたら次は収納!!
上段
手前
下段
よく使うものは上段手前へ
毎日使うものの指定席
布団
など
ものの使用頻度に合わせて指定席を決めましょう
3時間後
終わった〜
捨てるもので売れそうな品はリサイクルへ
リサイクルSHOP
1500円です
1000
500
やった！ヘソクリにしよ
ヘソクリの指定席は下段奥ね
ニヤリ

oshiire

お金が貯まる押し入れの片づけ

長年使ってないものがたまりやすい場所 不用品は処分してスペースを活用

押し入れは、家の中でも大きな収納スペース。シーズンオフのものや普段あまり使わないものなど、いろんなものが収納できます。

しかしその一方で、奥行きがあり、ものの出し入れがしにくい空間でもあります。奥に何があるか把握しづらく、使っていないものが何年も置きっ放しになることも。いらないものでせっかくの収納スペースを無駄にするのはもったいないので、きちんと片づけましょう。押し入れのものは「置きっ放し=不用品」と考えると「捨てるor捨てない」の判断も簡単。仕分けやものを捨てるのが苦手という人は、押し入れから片づけ始めるのもおすすめです。押し入れの片づけを通して「捨てられる体質」になると、キッチンやリビングなど、他の部屋の片づけもラクにできるようになります。

不用品を処分しスペースを活用

押し入れは、紙袋や子どもの工作など、すぐに捨てられないものの仮置き場になりがち。ルールを決めてためないようにしましょう。

使わないものは潔く捨てる

何年も使わず、放置されているものはすぐに処分。服と同じように、「いつか使うかもしれないから、残しておこう」は厳禁です。

定数を決めてものを増やさない

とっておく紙袋は3枚までと決めたら、それ以上は捨てましょう。エコバッグを使うなど、増やさない工夫も大切です。

思い出はデジタル化して残す

子どもが描いた絵や工作は、子どもと一緒に撮影し、一時保管。1年くらいのサイクルで現物を残すか検討し、整理しましょう。

oshiire

押し入れの収納法

天袋

クリスマスツリーや五月人形などの飾り物、オフシーズンの服、ブーツ、こたつ布団など、季節外のものをしまう

上段

毎日使う布団や、よく取り出すものをしまう。引き出すタイプの収納グッズを使うと、奥も有効に使える

下段

重いものや大きいものを中心に収納。よく使う日用品は手前、季節家電は奥にしまう

押し入れと奥行きが合ったサイズの収納用品を入れるとスペースが無駄にならない。奥にホットカーペットなどを置いてもいい

掃除機は右か左の端に置くと、ふすまを全部開けなくても取り出せて便利

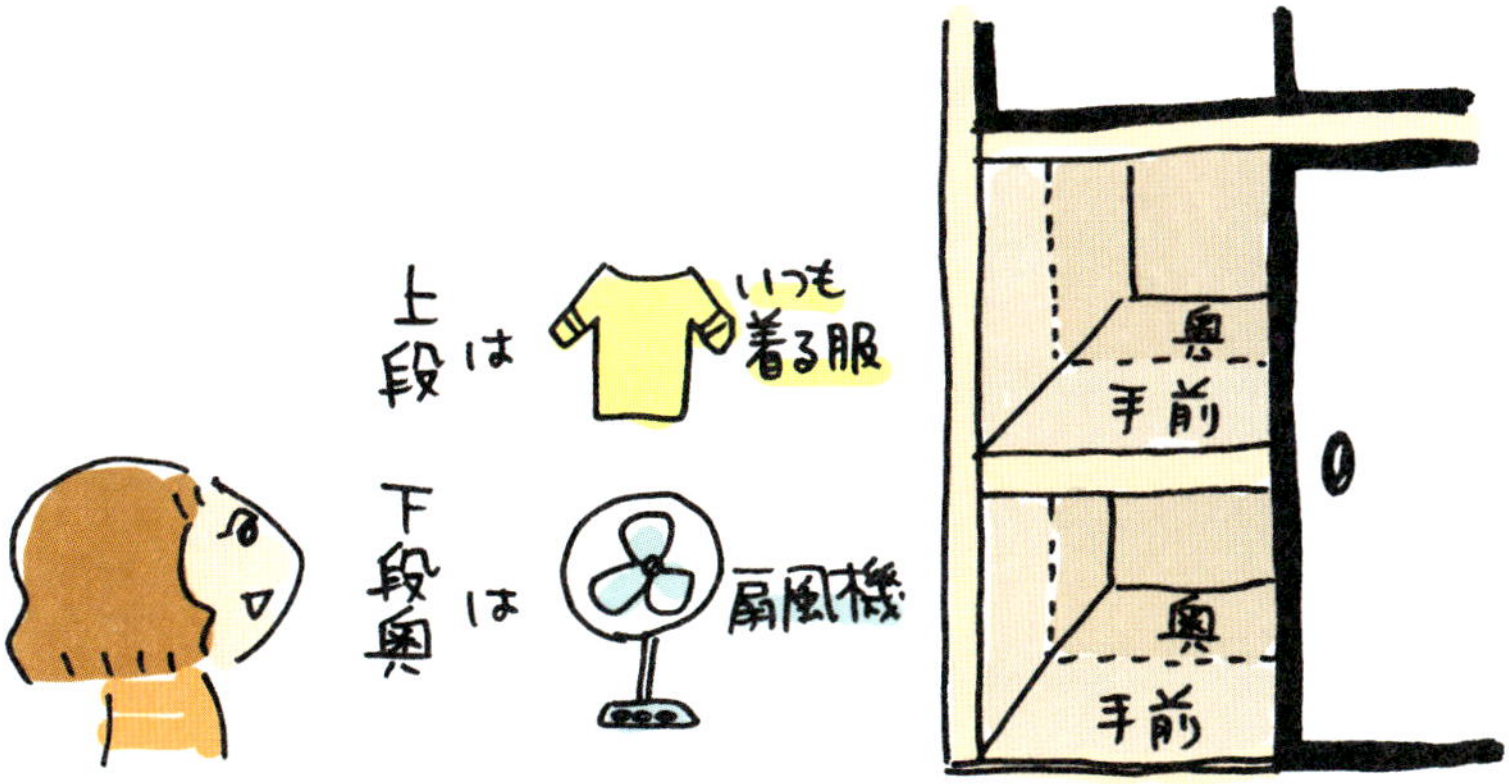

奥と手前、上段と下段を使いこなす

立ったまま出し入れできる「上段」、すぐに取り出せる「手前」が使いやすい場所。毎日使うものは「上段×手前」、シーズンオフのものは「下段×奥」など、場所の特性を考えて収納を決めましょう。ふすまを開けて出し入れするので、両端に置くとさらに使いやすくなります。

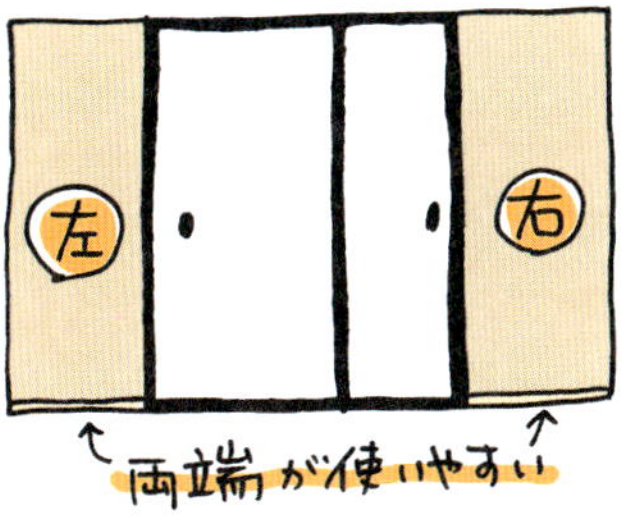

収納グッズを使って家具代を節約

引き出し式の収納ケースを入れたり、つっぱり棒などをハンガーバーにすれば、押し入れがクローゼットの代わりになります。高価な家具を買わずに済むので支出を大幅カット！ ただし、収納グッズを購入する時は、押し入れのサイズと合うかを必ず調べましょう。

ハンガーラックは手前に引き出すタイプを

押し入れ上段をクローゼット代わりに使うなら、スライド式のハンガーがおすすめ。横向きの押し入れハンガーだと、奥がデッドスペースになってしまいますが、ハンガー部分が手前にスライドするタイプを使えば、奥もたっぷり収納できます。

引き出す収納グッズで奥も無駄にしない

衣装ケースは、出し入れしやすい引き出し式がおすすめ。奥行きが押し入れに合ったものを選べば、スペースが無駄なく使えます。重ねて使ったり、上に重いものを置くと、枠がたわんで引き出しが出しにくくなる場合もあるので、強度にも注意して購入しましょう。

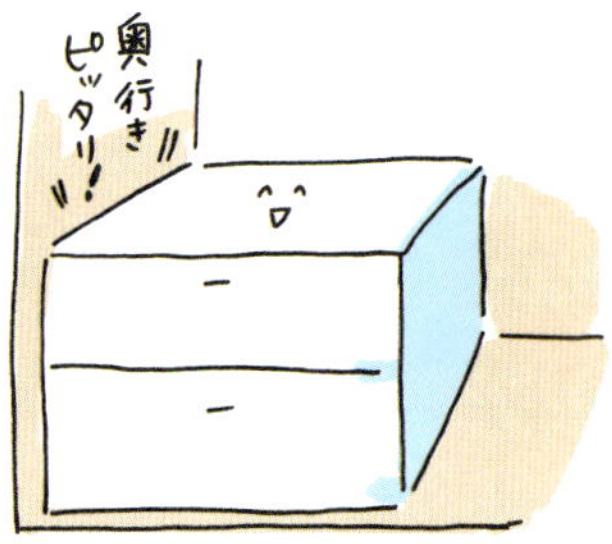

イベントグッズは1箱にまとめてラベリング

正月やクリスマス、ハロウィンなどに使うグッズは、イベント別に箱にしまいましょう。箱にイベント名を書くなど、ラベリングをすると管理しやすくなります。決まった時期にしか使わないものなので、重くなければ、天袋にしまうのがおすすめ。

季節家電の箱は捨ててカバーをかける

家電の箱は押し入れに入れっ放しになりがちですが、スペースを取るので捨てましょう。扇風機や暖房器具など、季節外は箱に入れて収納している家電も箱は捨てて、100円ショップなどで売っている専用の収納袋でカバーした方がスペースが節約できます。

押し入れ下段は湿気対策を心がける

押し入れ収納で気をつけたいのが「湿気」。放置しておくとカビが生え、ものが傷む原因に。すのこや新聞紙を敷いたり、週に1度は換気をするなどしましょう。特に下段は湿気がたまりやすいので、ダンボールなど湿気を吸いやすいものは下段に入れないように。

使用頻度の低いものはリースを利用する

来客用のふとんなど、かさばるけれど使用頻度の低いものはリースを利用する方法もあります。年に1〜2度くらいしか使わないのなら、思い切って捨て、その分スペースを空けましょう。収納スペースが足りない人におすすめです。

片づけ実録

押し入れ・納戸

oshiire

「収納スペースはたくさんある」と油断していると、どんどんものがあふれるので注意！

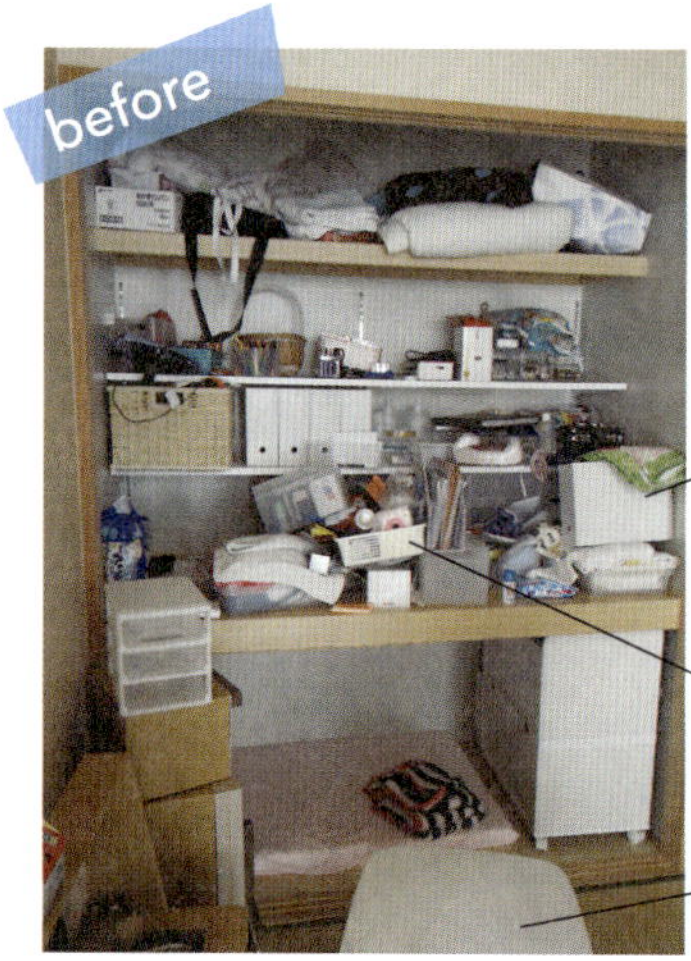

ものが乱雑に積まれ、棚のものが取り出せない

化粧品や文具など、いろいろな種類のものがごちゃ混ぜで、何があるか把握できない

アイロン台が出しっ放し

依頼者

・30代女性

・夫と子どもの4人暮らし

下段はアイロン関係、中段はパソコン周辺機器など、グループ分けをして収納し、使いやすくしました。化粧品は、よく使うリビングに移動させました。

スキャナーとプリンターを収納。パソコン周辺機器は中段にまとめた

キャスター付きラックに、アイロンとアイロン台を一緒に収納。取り出しやすさもアップ！

上の空間がうまく使えていない

木製ラックと掃除機が手前に置かれ、奥にある棚のものが取り出せない

つっぱり棒をつけ、紙袋などをかけて収納できるようにした

同じ家の階段下収納。奥行きがあると手前にものがたまりがち。入り口の木製ラックを取り出して、奥の棚を使えるようにしたら、スッキリしました。

手前にあった木製ラックは別の部屋で利用し、奥の棚が使えるようにした

入り口にものを置かないようにし、ドアの開閉をスムーズにした

週末
夫の実家へ
お義母さん ごぶさたしています
どうぞ遠くからありがとう
おぉ
なんかキレイなカップだな
すてき…
私も片づけ手伝います
ジャバ
ジャバ
わっキレイなキッチン
うちとは大違い…
ごっちゃり
あ、お義母さんかわりますよ

キレイな台所ですね〜
フフフ
お金のためにキレイにしてるのよ
そのカップもヘソクリで買ったのウン万円
えっ!!
どうしたら台所でお金が貯まるんですか?
教えるわ
フフフ
そのポイントは2つ!!
ストック食材と冷蔵庫よ!!
ホホー!!
あなたのストック食材はどうなってる?
ぐちゃぐちゃ
何があったっけ?
えーと…
このくり返しです
在庫がわからずダブリ買い
スペースがなく上手に収納できない
使い忘れて無駄にしてしまう
こりゃお金は貯まらないわ

うちのを見て！
おお…
お金の貯まる食品ストックの片づけはね
① グループ分けをする
② ストックの数を決める
③ 指定席を決める
④ ラベルを貼る
指定席にラベルを貼るといいわよ
スーパーみたいにね！
ラーメン
インスタント
ビスケット
カレー
なるほど～ で、スーパーのちらしをチェックして安い時に大量買い それで小銭を…
ブッブーッ
ストックは1品に1個って決めてるの
使い切らなきゃマイナスよ！

じゃあ次は冷蔵庫
カチャ
スカッ
えっ少ない…
もしや食費を削って貯金を…？
義父さん最近ヤセた？
今、ケチって思ったでしょ
そんなめっそうもない!!
これでも多いくらいよ
ブルン
ブルン
ひと目で何があるかわかると無駄買いしないし
つけもの
飲料ストック
味噌
手作りソース
小さい容器の調味料
電気代も節約できるのよ
そして秘密はここにも!!
ガラッ
冷凍庫
うわ～こっちはギッチギチ!!
冷凍庫は詰めたほうが電気代も浮くの
立てて収納すると無駄もないわよ

おなかすいた〜
すぐつくるわよ〜
洗う
水切り
野菜を切る
盛りつけ
サッ サッ
トン トン トン
ふわ〜〜〜
えっもう?
はいできた
お義母さますごすぎる!
神ワザ!!
このポイントは動線よ
作業内容に合った収納をすると動きやすいわ
コンロ
調理スペース
流し
水まわりの下にザルなど
コンロの下にフライパンなど
ほーっ
調理道具は1つで何役もこなすものを選ぶと省スペース
焼く
煮る
揚げる
中華ナベ
使わないものは処分
シリコンスチーマー
タジン鍋
めったに使わないものは処分したり、吊り戸棚の上段へ

キッチンにも衣替えがあるのよ
冬モノ
夏モノ
なべ
ガラス食器
グラタン皿
そうめん鉢
etc…
季節ごとに使いやすい場所へ入れ替える
使いやすく収納すると家事の時短ができるから働く余裕もできるわよ
そして収納スペースを食う魔物"タッパー"
麻衣子さんちにはいくつあるかしら？
えーっと 6コ・7コ… 10コ ???
タッパーはかさばるし場所も取るのよね
ガオー
ジッパー付き袋をタッパー代わりに使えば省スペースよ！
1箱でタッパー10コ以上!!
ジッパー袋
お義母さまありがとうございました
麻衣子さん応援しているわ
ごはんまだ…？
グ〜
グ〜

kitchen

お金が貯まる キッチンの片づけ

調理道具や食器をベストな位置に置き 作業しやすいキッチンをつくる

キッチンは様々なものを使う場所。しかも鍋やフライパンなどの調理道具、食品など、ジャンルもいろいろで、形もバラバラです。その場の思いつきで片づけていると、すぐに散らかってしまうので、次の法則で片づけるようにしましょう。

①ものを調理道具、食品、食器に分ける。

②調理道具を、火と水に関するもので分ける。

③分けたものを使う場所の近くに置く。

①～③の法則でものの指定席を決めると、動線がグンとよくなり、調理の時間も短縮できます。手早く調理できれば、ガスや電気、水道を使う量も減るので、光熱費の節約にもなります。

作業効率のいいキッチンづくり

ものを置く場所や置き方を工夫し、使いやすいキッチンにしましょう。家事の時間短縮にもなります。

1. 調理道具と食品、食器を分ける

目的の違うものが混在しないようグループ分けをしましょう。

2. 調理道具を火と水で仕分け

フライパンやフライ返しなど、コンロのまわりで使うものと、ボウルやザルなど、流し台の近くで使うものに分けます。

3. 使う場所の近くに置く

P82、90、92を参考に、ものの定位置を決めましょう。よく使うものは片手ですぐ取り出せるなど、収納も工夫しましょう。

kitchen

キッチンの収納法

シンク上の吊り戸棚

キッチン小物（アルミホイル、ラップ、スポンジなど）のストックやパーティー用品といった、時々使うものを収納

調理台上の吊り戸棚

取り出しやすい下段に砂糖や塩、小麦粉などの調味料を置きます。上の段には湿気を嫌う食材のストックを収納

コンロ下

フライパンや鍋、油など、火のまわりで使うものをしまう

シンク下

包丁やザル、ボウルなど、水まわりで使うものを入れる。下段には重い土鍋や大皿、ホットプレートなど

引き出し

カトラリーやピーラーなど、小さなものを上の引き出しに。下の引き出しにはお弁当関連のものをしまう

重いもの、とがったものは上に置かない

普段あまり使わないものは、上の棚に置くのが基本ですが、ホットプレート、大きな皿、土鍋などの重いものや、包丁などのとがったものを上に置くのはNG。これらを頭より高い位置にしまうと、取り出す時や地震などで落下し、ケガをする危険があるので、下に置くようにしましょう。

高い位置の収納は持ち手付きにする

シンク上の吊り戸棚など、高い位置にしまうものは、持ち手の付いた収納グッズに入れると、出し入れが簡単です。見ただけで何が入ってるかわかるよう、ラベルなどを貼るのもおすすめです。

扉の裏を活用し収納力を上げる

キッチンが狭く、収納スペースが足りなければ、シンク下の扉の裏を活用しましょう。フックやラックを取り付ければ、ラップや保存袋など軽いものの収納に使えます。扉に引っ掛けるタイプのフックなら、くぎを使わずに設置できるので、賃貸の人におすすめです。

フライパンや鍋は立てて収納する

フライパンや鍋は、ファイルボックスを使って1つずつ立てて収納すると、取り出しやすくなります。1つのボックスに重ねて入れる場合も、2つまでにするとすぐ取り出せて便利。また、玉子焼き用など、小さなパンは扉裏にフックをつけ、吊るして収納するのもおすすめです。

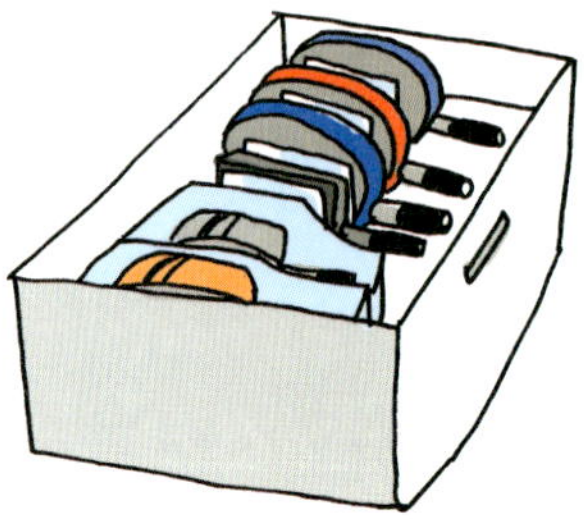

ふたを裏返してしまうと収納力が上がる

ドーム状で高さのある鍋のふたは、裏返して本体と一緒に収納すると、ふたの高さ分のスペースが節約できます。その上、ふたを探す手間も省けて一石二鳥。また、ふたの形状によっては、上にものを重ねることもできます。コの字ラックを使わなくても、重ねて収納でき便利です。

キッチンツールはS字フックに引っかける

お玉やフライ返しなど、コンロのまわりで使うキッチンツールは、見える収納が便利。レンジフードの縁にS字フックをひっかけたり、コンロのそばの壁面にタオルハンガー＋S字フックを使って吊るすと、料理しながらサッと取れて便利です。

よく使うザルやボウルは乾かしながら収納

ザルやボウルは、シンクの近くに収納しましょう。シンク上の壁に、粘着テープなどでフックを取り付け、洗ったらかけて干すと清潔です。よく使うものは、そのまま壁にかけておいてもＯＫ。しまう場合には、ザルはザル、ボウルはボウルで重ねてシンク下にしまうと、ごちゃごちゃしません。

普段用と来客用を2段に分ける

引き出しが深い場合は、引き出しの中で収納ケースを2段にすると、スペースを有効に使えます。下の段は、来客用などあまり使わないもの、上の段は普段使いのものを入れます。ケースを縦と横の交互に置くと安定し、どこに何があるかパッとわかります。

ラップ類は調理台近くに置いて使いやすく

アルミホイルやラップ、クッキングシートは、調理台のそばにあると便利。吊り棚にひっかけるタイプのコの字ラックを使うと、スッと取り出せます。マグネット付きのケースを冷蔵庫につけ、そこに立てて収納するのもおすすめです。

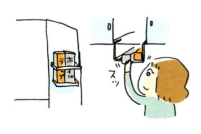

カトラリーは分類し縦にしてしまう

細かく、ごちゃごちゃするカトラリーは、箸、スプーン、フォークなどの種類別、木製やステンレスなどの素材別、使用頻度などで分類し、ケースや仕切りを使って引き出しに収納しましょう。この時、横向きにしまうと、奥のものが取り出しにくくなるので、しまう向きは縦がおすすめです。

まな板は浮かせる収納で清潔に

まな板を立てて置くと、下になった面が乾かず不衛生に。全体が乾くよう、浮かせて収納するのがおすすめです。吊り戸棚にひっかけるコの字ラックが便利ですが、タオルハンガーを2つ使って代用もできます。

シンク下は引き出しで奥の空間も活用

使いづらいシンク下のスペースは、引き出しタイプの収納がおすすめ。奥行きがぴったり合う引き出しを使って、奥もしっかり活用しましょう。引き出しなら、こまごましたものも入れられて便利。皿、調理道具、小物など、1つの引き出しに1ジャンルのものを入れると、中身が把握しやすくなります。

お弁当グッズは1カ所にまとめる

弁当箱は、しょうゆ差しや仕切り用のカップ、バンドなどと一緒に1つの引き出しに収納すると、ものを探す手間が省けます。弁当箱は重ねると取り出しにくくなるので、立ててしまいましょう。ピックなどの小物類は、使っていない弁当箱などにまとめて入れると便利です。

密封容器は数を厳選しフタをして収納

タッパーや弁当箱は、知らぬ間にどんどん増えるアイテム。しかし、食品の保存はジッパー付き袋で代用できる（→P79）ので、本当に必要なものだけを残し、引き出しに立てて収納しましょう。この時、ふたと本体をセットでしまえば、探す手間もかけずにすぐ使えて便利です。

ゴミ袋はゴミ箱の底にしまう

ゴミ袋は、ゴミ箱の底に収納しておきましょう。ゴミを出した後に中から取り出してすぐ使えるので、替えのゴミ袋を取りにいく手間を省けます。また、ゴミ箱は大きめのサイズでふたがしっかり閉まるタイプが、臭いも気にならないので◎。

kitchen

お金が貯まる
食品ストック・食器の片づけ

種類別の片づけ&収納で適正量を決め「賞味期限が切れていた」をなくす

どこの家にもあるレトルト食品や瓶詰めなどの食品ストック。長期保存できて便利ですが、使い切れずに捨ててしまっては無駄のもとに。食品を全部出し、左ページの手順を参考にして片づけましょう。片づけるうちに「大量のカレーのルーが使わず残っている」「チリパウダーは1度使ったきり」など、在庫確認せずに買いすぎてしまったものや衝動買いグセなどの問題に気づくこともできます。分類したものの量、種類、収納スペースを見ながら、使用頻度に合わせてストックの適正量を決めましょう。

食器は普段使いのものを使いやすい場所へ、来客用やシーズンオフものを上の棚に収納するのが基本。スペースが足りない場合に、コの字ラックなどを使って収納力を上げるのがおすすめです。

無駄を出さない片づけ法

保存期間が長いからと、つい余分に買いがちな食品ストック。月に１度は全部取り出して、メンテナンスをしましょう。

1. 食品ストックを全て出す

レトルト食品や缶詰、乾麺、スパイス、調味料など、あらゆる食品ストックを外に出し、賞味期限切れなどで食べられないものは捨てます。

2. 分類する

残ったものを麺類、缶詰類、乾物、粉類、調味料、レトルト食品、インスタント食品、お茶類、飲み物、菓子類の 10 のグループに分けます。

3. 適正量を決め、無駄買いを防止

使用頻度に合わせストック数を決めます。「よく使うツナ缶は最大５缶。残り１缶になったら買う」などの買い足しのルールを決めると◎。

kitchen

食品ストックの収納法

パスタの隣に乾麺、その隣にインスタント麺という具合に、関連する食品を並べると使いやすい

上段

お菓子類や乾物、乾麺など軽いものは上の棚へ。取っ手付きの収納に入れると使いやすく便利

中段

調味料やレトルト食品など、小さくて使用頻度の高いものは、取り出しやすい中央の棚がおすすめ

下段

ペットボトルや米、油など、高さのあるものや重いものを収納。種類別に縦１列に並べると使いやすい

カゴにまとめると出し入れと管理がラク

同じ種類のものは、1つのカゴに入れておくと取り出しやすく、管理もラクになります。また、詰め替え用スパイスの小袋はカゴの下に埋もれがちなので、ふちなどにクリップでとめるのがおすすめ。

期限を書くなど使い忘れない工夫を

食品の箱や袋に賞味期限を大きく書き、期限が迫っているものから手前に置くなどして、使い忘れを防止しましょう。早く使いたいものは、パントリーやストック棚の中段に置くと、目にとまりやすくなります。

開封後の袋も一緒に保管する

パスタやマカロニなどの乾物の外袋には、賞味期限や調理法などが書いてあるので、開封しても捨てず、袋ごと密封容器にしまうと◎。干ししいたけや海苔など、乾燥剤がついているものは、乾燥剤も一緒にしまいましょう。

kitchen

食器の収納法

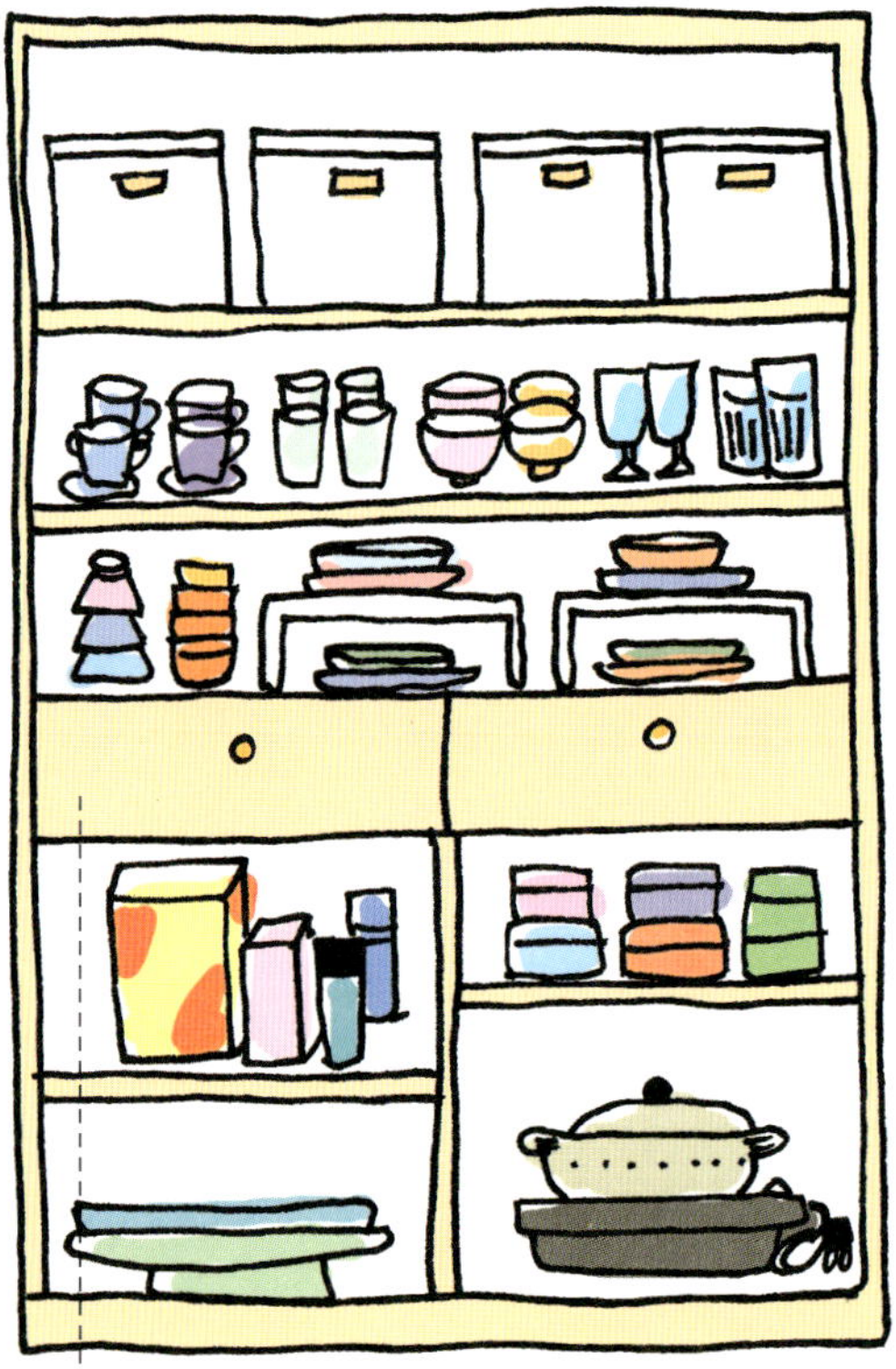

上段

普段あまり使わない来客用の食器、正月などのイベント用の食器をしまう

中段

コーヒーカップやグラス、茶碗など、普段使う食器を手の届きやすい位置に置く

下段

大皿や土鍋などの重たいもの、カセットコンロやホットプレートなど時々使うものを置く

引き出し

小皿やカトラリーなど、こまごましたものをグループ分けして入れる（→ P86）

時々しか使わない食器はシーン別にまとめる

来客用やイベント用の食器はシーン別で1ボックスにまとめると取り出しがラクチンに。両親が時々遊びに来るようなら、茶碗やお椀、お皿や箸など、食事に使う道具一式を箱に入れてまとめておけば、1つずつ探す手間がなく便利です。

種類でなく、使う頻度に合わせて収納する

お茶碗はお茶碗、湯のみは湯のみというふうに種類別でしまいたくなりますが、普段使うものとそうでないもので分ける方が便利です。食器棚の取り出しやすい場所は限られているので、普段使う食器をそこに置き、使わないものは上段や下段に置きましょう。

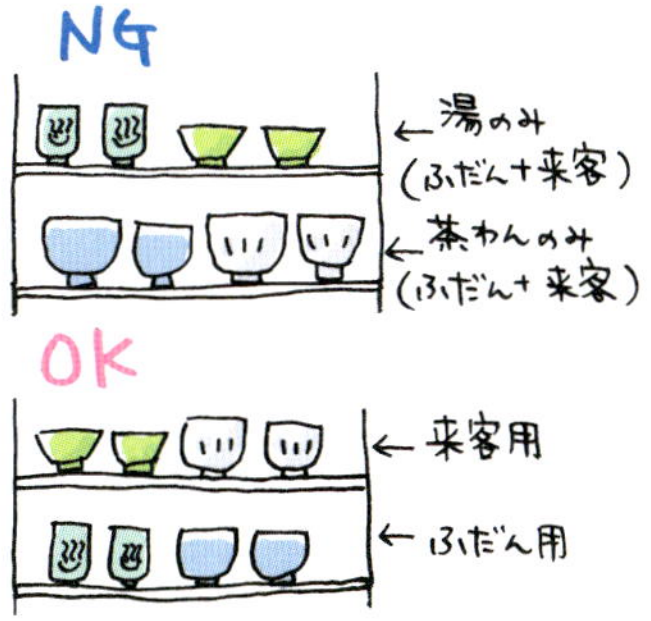

お皿を重ねすぎず上を空けると出しやすい

違う種類の食器を3セット以上重ねると、真ん中や一番下の食器を取り出す時の出し入れが面倒に。使い勝手が悪いので、重ねるのは2セットまでにしましょう。また、棚板との間に上の食器を持ち上げられるくらいのスペースを空けておくと、出し入れしやすく便利です。

重ねるのは2種類まで

グッズを使って収納力アップ

収納グッズを使って、空間を無駄なく使いましょう。おすすめは、コの字型のディッシュラック。ジョイントして段を増やせるものや横幅が伸びるもの、棚に引っかけて使うタイプなど、様々なものがあります。使う場所や置くものに合わせて選びましょう。

ファイルボックスで大皿を収納

大皿を重ねて置くと、下の皿を取る時に重くて取り出しにくくなります。しかも横にスペースを取り、上の空間を余らせてしまうことも。そんな時は、ファイルボックスに立てて収納しましょう。省スペースですぐに取り出せるのでおすすめです。

食器が倒れないよう
頑丈なボックスを使いましょう

同じ種類のグラスは縦1列に並べる

高さの違う食器を収納する時、手前に背の低い食器、奥に高さのある食器というふうに横に並べがちですが、これはＮＧ。横に並べると、奥の種類を取り出す時に手前をどかさなくてはいけません。同じ種類のグラスは縦に並べ、全ての食器を1アクションで取り出せるようにしましょう。

奈々先生の片づけコラム

好きなものを使いやすく収納

我が家の食器棚はさほど大きくありません。だからこそ、食器は慎重に選び抜き、大切に使っています。

作家ものの器を大切に使っています

我が家の食器棚は、普通かむしろ小さめです。しかし、来客の多い我が家では食器の数を減らすのも難しい。そこで、普段使いの食器を取り出しやすい上段にゆったり置き、下段には来客用をコンパクトにまとめて収納しています。

器が好きな私は、好きな作家さんの個展にもよく出かけるのですが、買う時はとても慎重。実際に使うシーンを想像し、今あるものから何かを手放しても欲しいと思える時しか買いません。その分悩むこともありますが、手に入れたものには愛着がわき、長く使っているものが多いです。

kitchen

お金が貯まる冷蔵庫の片づけ

買うもの、置いておくものを絞り冷蔵室内には詰め込まない

冷蔵庫にものを詰め込むと、何がどれだけ入っているかが把握できず、食材の賞味期限を過ぎてしまったり、生鮮食品を腐らせてしまいがちです。さらに、今あるものがわからないと、ダブリ買いや買い忘れの恐れも。

冷蔵庫の中がギッシリになっている人は、まず賞味期限切れのものを捨てて、中身を減らしましょう。その後、賞味期限や使用頻度に合わせてそれぞれの食品の位置を決め、収納していきます。1度食材の定位置を決めておくと、入れる場所に悩むこともなく、出したいものを探す手間も省けます。また、収納グッズや袋を使う時は、ラベルで中身や賞味期限がわかるようにしておくのもポイントです。必要なものをすぐに取り出せると、冷蔵庫内の冷気を逃がさず、電気代の節約にもつながります。

食材もスペースも無駄なく

冷蔵庫内に入れておくものを最小限にしておけば、片づけがラクな上に、使い切れずに捨ててしまう食材もなくなります。

早く使いたい食材は目につきやすいところに

使いかけの野菜や、賞味期限の近い食材は、野菜室の手前や冷蔵室中段などの目につきやすいところに置き、使い忘れを防ぎましょう。

冷蔵庫の中身は7割以下をキープ

冷蔵庫は詰め込みすぎると冷却効率が下がります。容量の7割程度に抑えて電気代を節約し、見た目もスッキリさせましょう。

買い物サイクルに合わせた量を買う

冷蔵庫の中身を増やさないためには、余計な食材を買わないことが大切。次回の買い物までに必要な分だけを買うようにしましょう。

kitchen

冷蔵庫の収納法

冷蔵室中段

早めに使い切りたいものを中段の手前に置くと、使い忘れずに済む

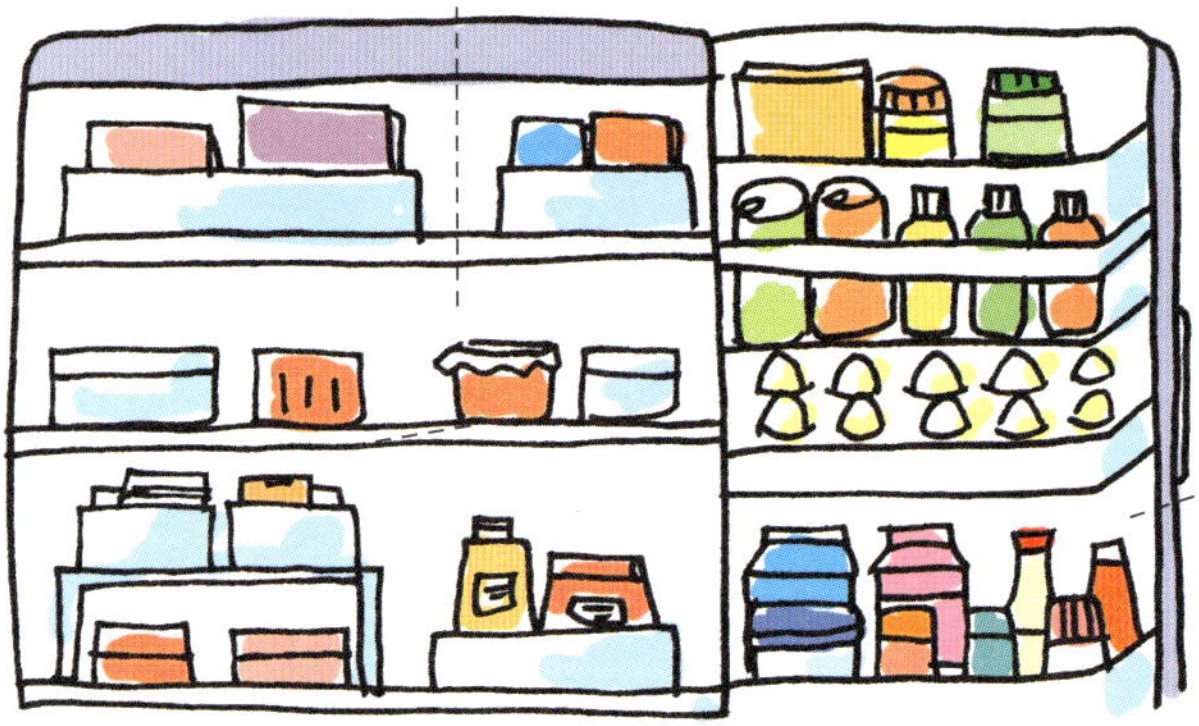

ドアポケット

調味料など、高さのあるものを並べる。ポケットが２列になっていたら、手前に背の低いものを

冷凍室

冷凍食品や、ジッパー付き袋で冷凍保存するものを入れる。重ねると下のものが見えなくなるので、立てて保存

アイスなどをまとめて保存。箱入りのものは箱から出してバラで入れれば、省スペースに

野菜室

上段のトレイには小～中サイズの野菜・果物や使いかけの野菜を、下段には白菜や大根など大きなものを入れる

トレーを使って奥のものも取りやすく

冷蔵室内は、古いものが奥へ追いやられて迷子になりがち。食品を直置きせず、奥行きのあるトレーに入れれば、引き出すだけで奥にあるものもすぐに取り出せます。汚れてもトレーだけを洗えばいいので、掃除も簡単です。

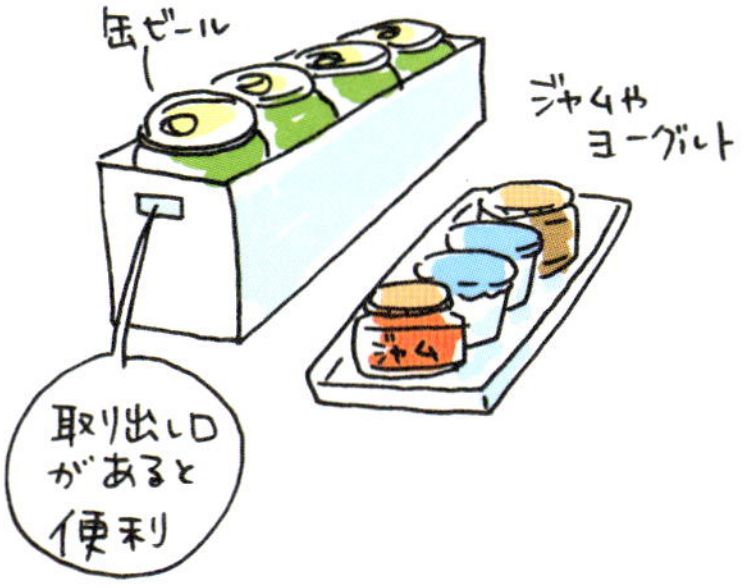

同時に使うものは1つの箱にセット

ご飯と一緒に食べる漬物や梅干し、朝食でパンに塗るジャム、バターなど、同じタイミングで出すものを1つの箱にまとめておけば、1アクションでサッと取り出せます。冷蔵庫を空けている時間の短縮にもなり、電気代節約につながります。

小さいチューブはドアポケットにとめる

チューブ入りの調味料や薬味は、立てておくとすぐに倒れて隠れてしまいがちです。そんな時は、チューブの上の部分をドアポケットの外側にクリップで留めましょう。こうすれば見失うこともなく、ポケット外のスペースも活かせます。また、冷蔵室に底の浅い引き出しがついていれば、そこに入れてもOK。

使いかけの野菜は タッパーにまとめて

使いかけの野菜は、1つのタッパーにまとめて入れて、野菜室の上段に入れましょう。野菜室を開けた時にすぐ目に入るので、使い忘れたまま古くなってしまうのを防げます。今日のメニューを考えたり、買い物リストをつくる時も役立ちます。

立ち野菜は容器を使って 立てて収納

白菜やほうれん草、ネギなどの立ち野菜は、種類別にして深めの容器に立てて入れましょう。重ねずに置くことで、ひと目見て何がどれだけあるかがわかりやすくなります。

また、収穫時に立っていた野菜は、立てて保存することで長持ちするというメリットもあります。

冷凍庫の食材は ラベリングして収納

冷凍庫内は、仕切りやラックを使って立てて収納するのが基本です。その際、保存袋などにクリップをとめ、食材名と冷凍した日付を書いたラベルを上部に貼っておくと便利。在庫がすぐにわかり、食材が傷む前に使い切ることができます。期限が迫っているものから手前に置くと、使い忘れ防止にもなります。

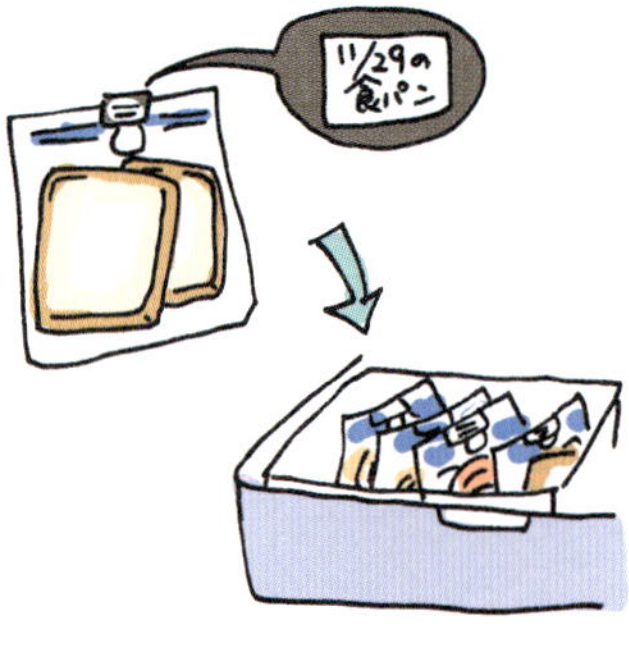

食材の無駄買い防止

冷蔵庫内をスッキリした状態に保つためには、食材を増やしすぎないことが大切。ちょっとした工夫で、無駄買いをなくしましょう。

割高でも、買うのは食べきれる分だけ

大容量の食材は、割安でお得に思えますが、食べきれなければ結果的に高くつくことに。確実に食べきれる分を買いましょう。

ドレッシングは調味料でつくる

しょうゆや酢など、基本的な調味料で様々なドレッシングがつくれます。用途の少ないドレッシングは買わないようにしましょう。

1週間分の献立を決め無駄買いを防止

1週間分の献立をまとめて考えておけば、無駄買いをなくせます。買い物時間も短縮できるうえ、衝動買いの防止にもなります。

片づけ実録

キッチン

kitchen

手早く作業をしたいキッチンでは、必要なものがどこにあるかを把握しやすく、サッと取り出せることが大切。手の届きやすいスペースには、よく使うものだけを厳選して収納しましょう。

依頼者

・30代女性
・夫と子どもの
3人暮らし

棚の手前ギリギリまでものが置いてあり、奥のものが取り出しにくい

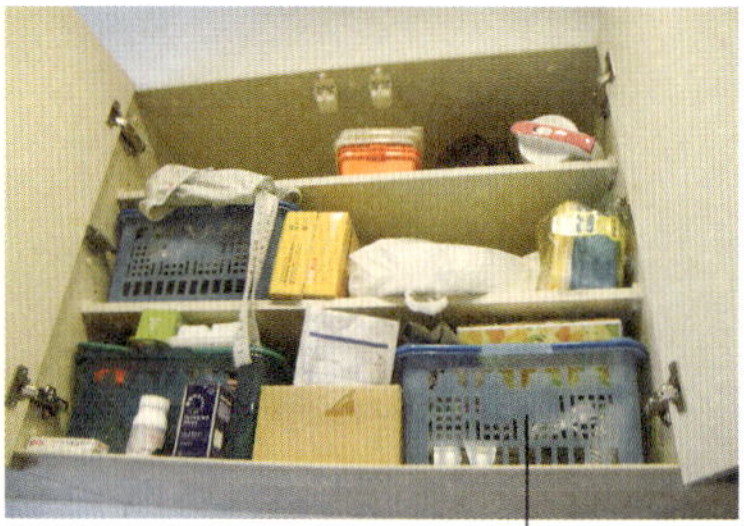

箱やカゴを使って収納しているが、中に何が入っているのかがわかりづらい

置く場所が決まっていないものが多く、散乱しがち。普段あまり使っていないものも出ている

パッと見ただけで何がどこにあるかがわかるようにし、必要なものがすぐに取り出せるようにしました。

台の上に置いておくのは、最低限のものだけにして、スッキリと

半透明のケースで、中にあるものがすぐわかる

調味料があふれて、作業スペースを占領している

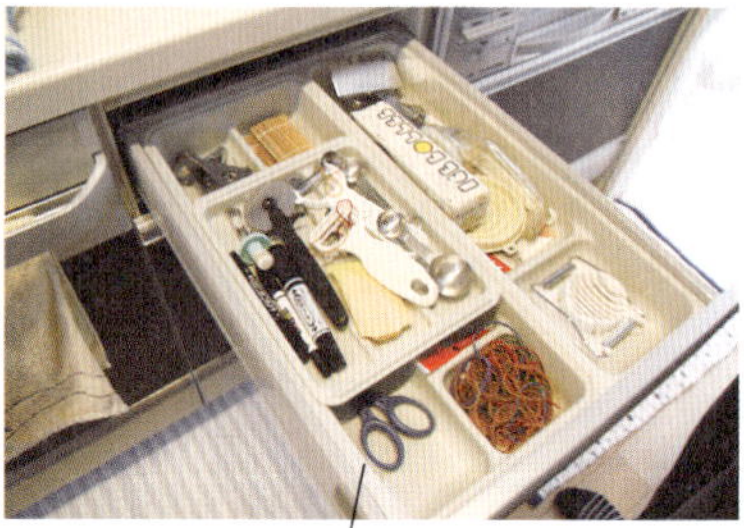

使用頻度の高いものも低いものもごちゃ混ぜに入れられていて、必要なものを取り出すのにひと苦労

頻繁に開ける引き出しは、本当に使うものだけを入れるスペースに。調味料は、ひと目で種類と残量がわかるようにしました。

よく使うキッチンツールだけに絞って、切る、測る、皮をむくなど、用途別に収納

調味料は収納スペースに合わせた瓶に詰め替え、ラベリング

ぎゅうぎゅうに押し込まれていて、１つのものを取り出すと他のものが倒れてしまう

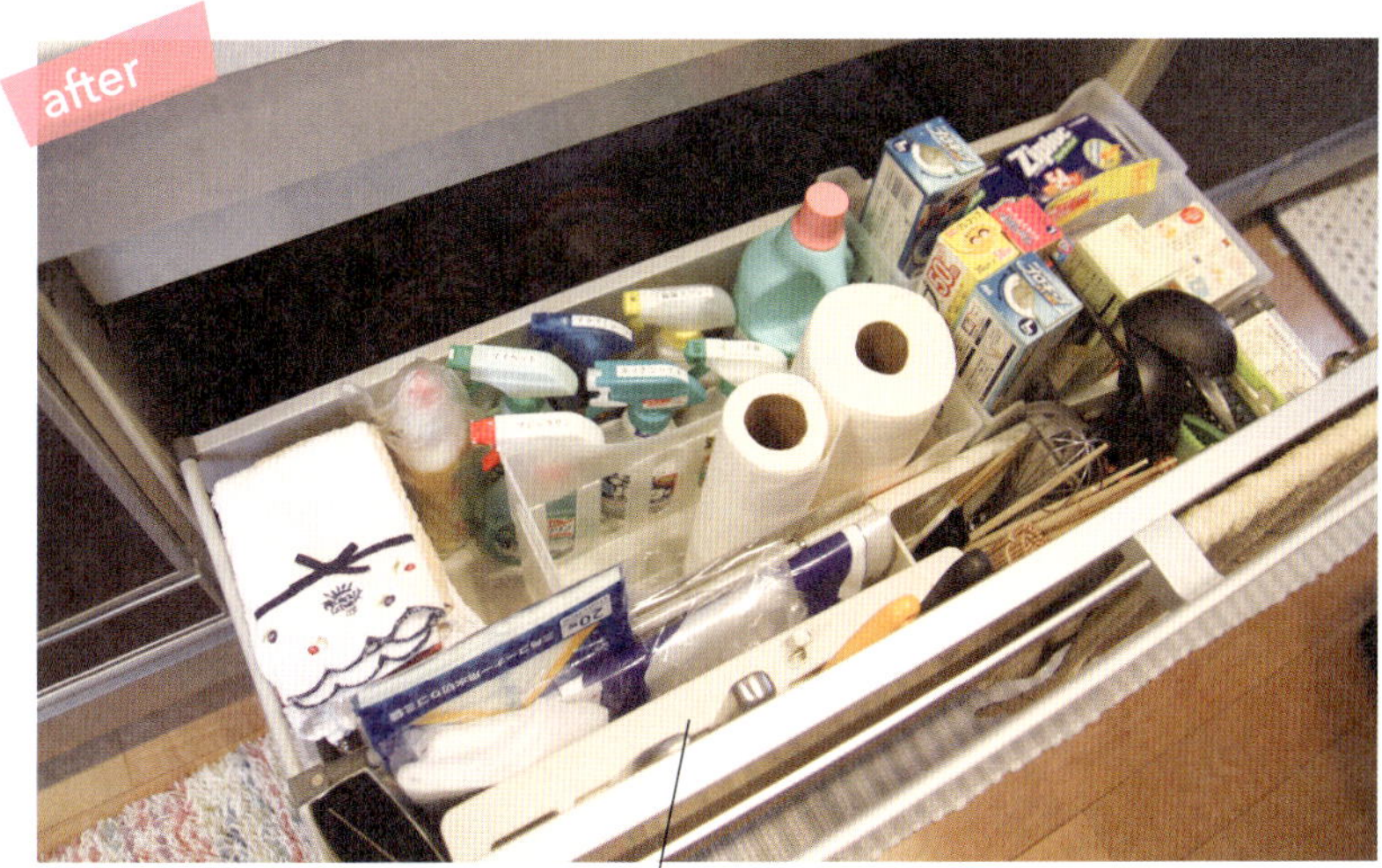

収納ケースを仕切りがわりにし、種類別にものを収納。必要なものだけをすぐ取り出せるようにしました。

調理に使うもの、掃除に使うものというふうに、関連したものを近くに置く

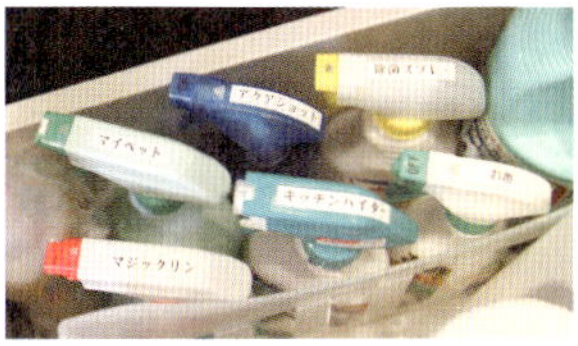

洗剤類にはラベリングして、上から見るだけで種類がわかるように

おじゃまします
ペコリ
ただいまー
おかえり お友達も いっしょ なのね
おやつ ちょーだい！
きちん。
おばさま 手を洗わせてください
案内してあげてー
ここだよ
ガラッ
汚い…
ギョッ!!
お片づけ中に 失礼しました
ペコリ
今日は帰ります
ママのバカーッ
汚いから友だち 帰っちゃったよー
マジ!?
わ～～
ごめん～、ママ 頑張って片づけるから

翌日
麻衣子'sマンション
先生♪お願いします!
おまかせ!
THE 他力本願☆
洗面所って用途が多い割に狭いんです
顔洗ったり
洗濯したり
細かいものが多いから散らかりやすいんですよ
歯みがき用品
洗顔グッズ
ヘアケア用品
etc…
でもこれはものが多すぎです
3人暮らしでハブラシ10本も?
先生↓
コリャいつの試供品かしら…
使わないものはじゃんじゃん捨てる!!
はいっ
洗面台の下はグループ収納がカギ
衣類の洗剤
そうじ道具
住いの洗剤
床
おフロ
カビ
使う目的別にグループ分けするの

そしてグループごとに
箱などに入れて
収納するの
出し入れも
しやすいわ
スイッ
ファイルボックスは
洗剤を入れるのに
ピッタリ！
浅めの
カゴには
ぞうきんや
スポンジのストック
入れるものと
箱のサイズが合っている
ことも大切よ
収納用品を買う前に
必ずサイズを測ってね
幅・奥行・高さの
3つを測るのよ
シャッ
サイズを測らずに買うと
大きすぎて無駄になることも
あ゛っ
入んないっ
ガーン
ガッ
特にコの字ラックを使う時は
置き場所のサイズを
しっかり測って！
ここにラック
を入れるには
幅40cm
奥行き40cm
高さ30cmね
できました!!
雑布
ハブラシ
スポンジ
お風呂用
洗濯用
お掃除用

次は洗面台の上！
Point!
① 人別にものを管理する
② 使いやすい位置に置く
①指定席を決めて個別に管理する
ママのもの
家族のもの
パパのもの
②は例えばドライヤーをコンセントの近くに掛けるとか
こっちパパのエリアだから
はーい
自分で管理してね
その後
おじゃまいたします
早くあそぼーぜ
ペコリ
いらっしゃい
いつでも手を洗ってね
フフフ
ギャ!!
そこはまだ…
おトイレおかり…

washroom

お金が貯まる洗面所の片づけ

ストックでものがあふれがちな場所は今あるものを把握して、収納もお金も節約

洗面所は、洗顔やヘアセット、洗濯など、やることが多い場所。こまごましたものが多く、髪の毛や歯磨き粉などで汚れやすい場所でもあります。

ものを用途別、使う人別に分けて収納すれば、よく使うものや必要なものがはっきりし、捨てていいものも見えてきます。まずは洗面所で自分の使うものを把握し、それぞれの定位置を決めましょう。

また、歯ブラシや洗剤などのストックも、安売りなどでつい買いだめしてしまうと、あっという間にあふれてしまいます。あらかじめ上限を決めてスッキリ収納し、無駄遣いをなくすようにしましょう。シャンプーや化粧品の試供品はすぐに試すか、旅行グッズにまとめ、早めに使い切りましょう。

置いておくものは最低限に

使用頻度に合わせて、「外に出しておくもの」と「棚にしまっておくもの」を分け、定位置を決めましょう。

よく使うものだけを手の届くところに置く

ハンドソープなど、「みんながよく使うもの」だけを洗面台付近に置くようにしましょう。使いやすく、見た目もスッキリします。

中身に合わせて入れ物を選ぶ

同じところにしまうものでも、ふた付きのケースやオープン型のボックスなど、中身に適した入れ物を使い分けましょう。

化粧品など、ホコリを避けたいものをふた付きに入れます。

ストックを減らせば無駄遣いも減る

洗面所はキッチンの次にストックが多くなる場所。常備するストックは最低限にして、無駄遣いを減らしましょう。

washroom

洗面台の収納法

鏡裏の左

上段にパパのヘアケア用品を入れ、下段には歯ブラシやドライヤーなど、家族みんなが使うものを入れる

鏡裏の右

ママのスキンケア、メイク、ヘアケア用品スペースに。毎日使うものは取りやすい下段、ストックは上段に収納

引き出し上段

サッと取り出したいティッシュやコットンなどの衛生用品を入れる

洗面台下

掃除用品や洗濯洗剤、シャンプー、ボディソープのストックなど、使用頻度の低いものを収納

引き出し中段・下段

中段にはフェイスタオルやハンドタオル、高さのある下段にはバスタオルを入れる

収納スペースの扉の裏に小物をかける

鏡の裏や洗面台下のスペースの扉にフックをつけると、ごちゃつきがちなアクセサリーやヘアゴムなどがかけられます。絡まることもなく、簡単に取り出せて便利。

ただし、重いものや厚さのあるものをかけると、扉が閉まらなかったり、落下の恐れもあるので気をつけましょう。

細かいものは空き箱仕切りで収納

ヘアケア用品やコスメなど、こまごまとしたものを引き出しに入れるとゴチャゴチャして、探し出すのもひと苦労です。化粧品やラップなどの空き箱を仕切りにして、種類ごとに入れるとスッキリします。また、化粧ポーチを収納として使えば、中の仕切りも活用でき、そのまま持ち運びもできて便利です。

タオルは立てると取り出しやすい

タオルを引き出しに入れる時、たたんで重ねると先に洗ったものが下になり、使うタオルがかたよってしまいます。1枚ずつ取り出しやすいように、たたんだタオルは輪を上にして立てて入れましょう。洗ったものは右に入れ、使う時は左から取り出すようにすれば均等に使うことができます。

タオルは最低限にしてスペースを節約

かさばるタオルは、必要な分だけ持つようにしましょう。たとえば毎日洗濯するなら、バスタオルは1人1～2枚あれば充分です。

また、顔を拭くタオルはハンドタオルの大きさで充分。フェイスタオルをハンドタオルにするだけで、かなりの収納スペースの節約になります。

ストックは種類別にカゴに入れて

洗剤やシャンプーなどのストックは、用途ごとに高さのあるカゴに立てて収納しましょう。必要なものがどこにどれだけあるかがひと目で把握でき、無駄買いを減らせます。カゴを引き出せば、奥のものも簡単に取れて便利です。

つっぱり棒で洗面台下の空きスペースを活用

洗面台下の上部は、デッドスペースになりがち。コの字ラックを置いて棚をつくったり、つっぱり棒を取り付けたりして、空いたスペースを有効活用しましょう。霧吹き型の洗剤の取手を引っかければ、出し入れもスムーズです。

washroom

洗濯機まわりの収納法

上段

使用中の洗濯洗剤を手前に並べる。普段使わないストックは奥へ。空いたスペースには、洗濯ネットなどの小物をカゴに入れておくと◎

ハンガーをファイルボックスにまとめると便利。ふちに引っかけておけば取り出しやすく、スッキリ収納することができる

ハンガーを吊るしておけば、洗った洗濯物をかけ、そのまま外に干しに行くことも可能

洗濯機横

洗濯機横のすき間にマグネット付きのゴミ箱を設置すると床がスッキリ

片づけ実録

洗面所

washroom

こまごましたものが多い洗面所は、
種類ごとに定位置を決めるのが鉄則。

依頼者
・30代女性
・夫と子どもの3人暮らし

様々な用途のものが詰め込まれ、必要なものを探すのに時間がかかる

せっかくの広い洗面台下も、上部がデッドスペースに

置くものに合わせて
ラックの高さを調整。
また、入れるものに
フィットするサイズ
のカゴを使うことで、
無駄のない収納に。

ラックを使って、空いていた上部スペースも有効活用

種類ごとにカゴに入れ、どこに何があるのかひと目でわかるように

依頼者

・40代女性
・夫と子ども3人の
5人暮らし

家族のものが入り乱れ、あちこち手を伸ばさないといけない

背の高いものを倒して置いてあり、余分なスペースを取っている。下敷きになっている小物も取りづらい状態に

用途ごと、使う人ごとに定位置を決めてものを配置。必要なものがすぐに取り出せます。

使用頻度の高いものを、手の届きやすいところに置いた

棚板の位置を下げ、背の高いものを立てて置けるようにした

片づけるってステキー
お鍋は下の引き出しに〜
最近片づけを頑張ってるね家もママもキレイになってるよ♥
ピンポーン
えーそうかなあ
イチャイチャ
美香さんだわっ
ハッ
はーい
SNS見たよ片づけうまくなったね
でもコレはなに？
ぐちゃ…
なにが？
わかってないのね…

自分は片づいてると思っていてもそれは見慣れているからなのよ
大量のカサ
ヘンな置物
電気
ガス
DM
紙ゴミ
見てよカオス!!
出しっぱなしのくつ
見えてなかった…
ガーン
玄関のものはこのルールで整理するの!!
① 出していい靴は１人１足
② 靴箱に入らない分は各自の部屋へ
③ 傘も家族の人数分しか置かない
④ ゴルフバッグやボールは別のところへ
たまにしか履かない靴はクローゼットへ
服と靴がセットのものもあるでしょ
礼服
パーティドレス
これは片づけないのね…
なるほど
じゃあこれはクローゼットね

1週間後
美香さんと先生がわが家へ
わーっ キレイですね!!
あれ？ へんなの なくなってる!!
置きものを変えたのね
北欧風～
片づいたら ヘンなことに 気づいたの
よかった 正気に 戻ったのね
そう！ 片づくと センスも よくなるの!!
うれしい!! じゃ お茶どうぞ
カタ
ちょっと 汚いです かね？
やっぱり…
ここはもう少し 手を入れないとね
ササッ

リビングは家族の協力があってこそ!!
リビング片づけの基本
① 置いていいのはみんなで使うものだけ
② 持ち込んだ私物は寝る前に戻すべし
書類や手紙類はどうしたらいいの?
紙はどんどんたまるの
郵便物は受け取ったらすぐいるもの、いらないものに分ける!!
いる or いらない
いる
いらない
ゴミ
仕分けする
いるものは寝るまでに収納するの!!
料金のお知らせは明細書だけを残して封筒と他の紙は捨てる
ポイ
ゴミ
紙類は種類や提出期限などで分類してファイリングするの
夜
パパこれは何!?
こんなに使って…
マンガ喫茶利用明細
¥10,000

entrance

お金が貯まる玄関まわりの片づけ

いつの間にかものが増えがちな場所だから置いておくものは必要最低限に

家の顔とも言える玄関ですが、普段は通過するだけなので散らかっていても気づきにくい場所です。特に、たくさんの靴がタタキに出ていると見た目も悪く、出入りもしづらくなります。

また、公園で遊ぶためのおもちゃやスポーツグッズ、写真やインテリア小物などの置き場にもなりやすく、いつの間にか多くのものであふれてしまうことも……。靴を含め、玄関に置いてあるものを全て出し、本当に必要なものだけ置くようにしましょう。各自の部屋や押し入れなどに移せるものはできるだけ移し、玄関は必要最低限のものだけでスッキリさせるのが鉄則。また、季節によって使う靴も変わってくるので、衣替え時に靴の入れ替えをするのがおすすめです。

ルールを決めてものを厳選

玄関をスッキリさせておくためには、置いていいものといけないもの、捨てるものと捨てないものを決めるルールづけをしましょう。

使っていない靴はキレイでも捨てる

片づけ中、古いのにキレイな靴が出てきたら、それは使っていないということ。使いそうにないものは、思い切って捨てましょう。

しばらく使わない靴は靴箱に入れない

シーズンオフの靴、正装や礼服に合わせる靴など、当面使わないものは、箱に入れてクローゼットなどにしまいましょう。

玄関に置くのは本当に必要なものだけ

ものが増えがちな玄関ですが、お客様も通る場所です。見られてもいいもの、どうしても置いておきたいものだけを厳選しましょう。

entrance

靴箱の収納法

収納棚上段

シーズンオフの靴や普段あまり使わないレジャーグッズ、靴磨きセットなど

靴箱の上

玄関で使う印鑑や外出時に持ち出す小物をトレイにまとめる

棚板の高さを靴の高さに合わせることで、スペースを無駄なく活用

収納棚中段・下段

上にはつっぱり棒を通して傘掛けに。S字フックと組み合わせれば，グローブなどの小物もかけられる

背の低い靴は、コの字ラックを使って２足重ねて収納

靴箱に高さがない場合、ロングブーツは寝かせて互い違いにして収納

靴は入れ方を工夫して収納スペースを節約

靴は形が複雑でキレイに並べづらいもの。余分なスペースをとらないよう、置き方を工夫しましょう。

土踏まずの部分のへこみに片方のつま先を合わせれば、余分なすき間をつくらずに収納できます。また、つま先よりかかとの幅が狭い靴の向きを互い違いにすることで、スペースを節約することができます。

置いておきたい小物はトレイや引き出しに

玄関に置いておきたい小物は、トレイにまとめて靴箱の上に置いておきましょう。印鑑類や筆記具などの「玄関で使うもの」と、鍵や定期入れなどの「外に持ち出すもの」を分けておくと便利。小さな引き出しボックスを使うのもおすすめです。

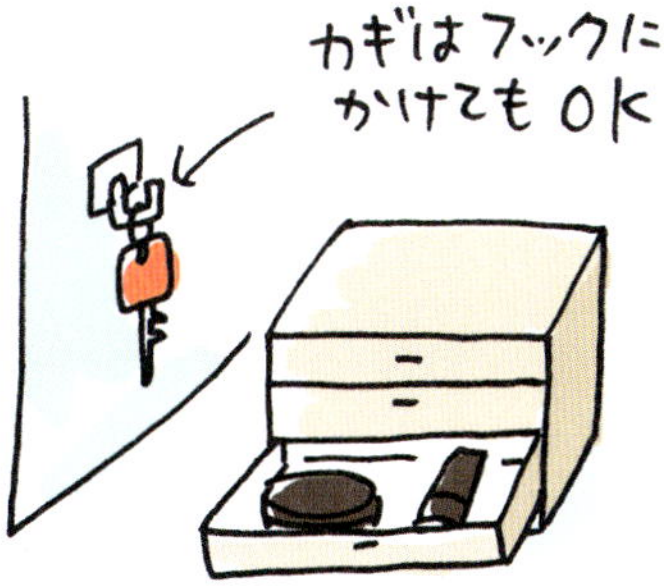

扉の裏はフックをつけて小物をかける

靴箱の扉の裏に粘着式のフックをつけて、折り畳み傘や靴べらなどの小物をかけておきましょう。タオルハンガーを設置して、スリッパ立てにするのも◎。出し入れしやすいので便利です。

設置の際は、中の棚や靴に当たらないように注意しましょう。

片づけ実録 玄関

entrance

玄関を片づける時は、置いてあるものを１つずつチェック。玄関に必要のないものは各部屋に移動し、使う見込みのないものは捨てましょう。

依頼者

・40代女性

・夫と子ども３人の5人暮らし

プリントやティッシュなど、玄関で使わないものが大量に置かれている

ゴルフバッグが奥へ追いやられて、取り出しづらい

靴であふれかえり、人が通るスペースも埋まってしまっている

靴箱のサイズに合わない靴が、無理矢理押し込められている

タタキに出しておく靴は１人１足だけに。大量にあった靴を仕分けし、今後も使わないものは処分しました。

入れるものの高さに合わせて、棚板の高さを調整

よく使う靴はメインの靴箱に収納。上の段は夫、２段目は妻というふうに、持ち主別に分類した

使用頻度の低い靴は、ケースに入れて収納。透明なので中身もすぐわかる

スポーツグッズは出入りのジャマにならず、かつ手に取りやすい位置に。ボールは転がらないよう、重ねて置ける収納具を使用

living room

お金が貯まる リビングの片づけ

家族のものが散らかりやすい場所は指定席と片づけのルールを決めましょう

家族がくつろぐリビングは、1日の中でも長い時間を過ごす場所。家族それぞれがものを持ち込むので、ものがどんどんたまってしまいます。それを防ぐため、まずは家族みんなで使うものと個人のものを分けましょう。そしてみんなで使うものは、使う場所の近くに収納場所をつくります。例えば、リモコンはテレビのそばに、新聞や学校のプリントはテーブルの近くに置きます。個別のものはリビングに置く必要があるものだけにしぼり、専用の収納ボックスにしまうなどして各自で管理しましょう。

片づいた状態を維持するためには、家族の協力が必要。みんなでリビングの片づけのルールを決めて守るようにましょう。ものがないキレイな部屋に居心地のよさを感じるようになれば、ストレス買いなどむやみにものを買うことを減らせます。

リビングが散らかる原因を改善

家族のものが集まるリビングは、片づけの難所です。散らかる原因をなくして、家族みんなで片づけるようにしましょう。

見取り図に問題点を書き解決法を考える

リビングの見取り図を書き、ものの散らかり方と改善点を書き出しましょう。問題点を把握してから片づけるとスムーズです。

床置きは禁止 収納棚も増やさない

床にものを置くと、気持ちがゆるんでものがたまりがち。また、収納を増やすとものも増えるので、まずは減らすことを考えて。

指定席のないものは持ち主が片づける

リビングに指定席のないものを持ち込んだら、持ち主が片づけるというルールをつくりましょう。家族の片づけ意識が高まります。

living room

リビングの収納法

サイドボード

本、雑誌、書類、薬、診察券など、家族で使うものをしまう

テレビコーナー

DVD、テレビゲーム、ゲームソフト、リモコンを収納

ダイニングテーブルまわり

新聞、電話、DMや学校のプリント類、家計簿などをしまう

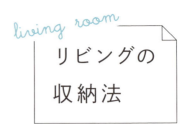

個人の物入れを1人に1箱用意する

家族それぞれに、リビング用の収納ボックスを用意しましょう。家族で1箱だと責任があいまいになり、何でも入れ放題になるのでNG。1人に1箱ずつ用意し、リビングにあると便利なものを収納するようにしましょう。各自で管理することで、散らかりを防止できます。

脱いだ服の仮置きカゴを用意する

ソファーには脱いだ服が散らかりがちで、1つを置くとどんどん増えていきます。脱ぎ散らかしを防ぐには、ソファーの近くにカゴを置き、脱いだ服をそこへ入れるのがおすすめ。ただし、服以外のものは入れない、寝るまでに片づけるなどのルールを決めて、入れっ放しにしないようにしましょう。

家族みんなで使うものは目につく場所に

みんなで使うものは、使う場所の近くに、目立つように置きます。リモコンはカゴに入れてテレビボードの上に置く、宅配便で使う印鑑はドアモニターの上に立てて置くなど、家族みんなが目につく場所に置けば、探す手間を省けます。

DVD、ゲームソフトはテレビ台に収納

DVDやゲーム機、ゲームソフトなどは、テレビ台に収納しましょう。種類別に箱に入れれば、目的のものを取り出すのもラクです。また、見終わったものや入りきらないものを台の上に置くのはNG。見ていないものはきちんと片づけ、入り切らないものは個室にしまうなどして、スッキリさせましょう。

充電器やコードはまとめてスッキリ！

携帯電話やタブレット、ゲーム機などの充電器は、家族分をまとめてカゴに収納するとごちゃつきません。コードは結束バンドなどでとめると、見た目もスッキリします。カゴはコンセントのそばに置き、使う時だけプラグに差し込むようにすれば、省スペースで充電できます。

DMなどの郵便物は仮置き場をつくる

ダイレクトメールや光熱費、クレジットカードの請求書など、郵便物を仮置きする場所を、ダイニングテーブルの近くにつくりましょう。基本は受け取ったらすぐに開封し、残すか捨てるかを判断。すぐにチェックできない時は仮置きし、家計簿をつける時に合わせて整理するなど、ためないようにしましょう。

ボックス収納でプリントを増やさない

学校のお知らせなど、どんどん増えるプリントは、ボックスや書類ケースに入れましょう。必要になる時期や提出期限、未処理・処理済みなどで分類すると、提出忘れや紛失も防げます。いらなくなったものはまめに捨て、ためないようにしましょう。

夫の小物はリビングの動線上に

腕時計などの夫の小物は、リビングのテーブルの上に放置されがち。そういうものは、夫の動きに合った場所に指定席をつくりましょう。財布や腕時計などの外出小物はリビングの入り口に、爪切りなどのお手入れ小物はソファーの近くに専用のかごを置いて管理するのがおすすめ。

市販薬は箱のフタを切り取って収納

市販の薬は箱の上部を切り取って引き出しに収納し、使う時は中身のビンやチューブだけを取り出します。こうすると箱がそれぞれの指定席になり、ごちゃつきません。医師から処方された薬は、ジッパー付きの袋に「かぜ薬」などの用途と使用期限を書いて収納します。

もう寝る時間よ
自分のものは片づけてね
はーい
リビングに置きっ放しはなくなったけど…
これじゃあね…
美香さんちはどうなんだ？
明日聞いてみるわ
翌日
美香さん宅
ピンポーン
いらっしゃい
今日は太一くんも一緒なのね
あっ娘の美咲よ太一くんの一コ下だね
こんにちは

美咲
お片づけ
お願いね
"はーい"
スタスタスタ
お
美咲ちゃん
どうするの?…
〈子ども部屋〉
絵本は
ここ
ササッ
お人形は
ここ
ササ…
くまさんは
どこ
だったかな?
ぬいぐるみ
くまさんは
ここ
美咲ちゃん
すごいね
私より立派…
うん
いきなり片づけを
教えるのはムリよ
まずはコレにしまうことから
ポイ
ポイ
使ったものは
ここ!
ポイポイ
BOX

次は入れる場所をわかりやすくするの
ラベルに絵を描くといいわよ
にんぎょう
Tシャツ
くつした
つみき
子どもに使いやすく工夫するのも大切よ
よく使うバッグは掛けて収納
声をかけながら自分で片づけができるようにしていくの
絵本と人形一緒でいいの？
あっ
ダメ!!
にんぎょう
太一が片づけられないのはママが悪かったのよ
ごめんね
ぼくもがんばる
次はパパが片づける番よ
うっ
本とマンガどっさり

増えやすい雑誌は
「とっておくのは半年前まで」
「新しいのが出たら捨てる」
などルールをつくる
特にマンガ雑誌はスペースをとるので注意!!
本は電子書籍を買えばスペースを取らないしセールもあるわよ!!
とにかく個人のスペースはそこに収まるようにものの量をキープするのが大切
コレ重要!
パパ用
本棚2段＋
引き出し1つ
ママ用
本棚1段＋
引き出し2つ
自分のエリアは自分でルールを決めて
やりくりしてね
ハイ
パパーラベルつくったよ
まんが
おー!っありがとー!っ
2人ともエライ!今夜はすき焼きよ
やったー

private room

お金が貯まる個室の片づけ

個室や自分のスペースを持つと家族みんなが片づけ上手になる！

子ども部屋や書斎などの個室は、子どもや夫のプライベート空間。ものの管理は本人がすることになりますが、ものがあふれたり散らかったりする場合は、片づけのルールをつくりましょう。家族それぞれが片づけ上手になれば、ものの出しっ放しや他の家族のものと混ざることも防げ、家全体がスッキリ片づくようになります。

また、家族それぞれに自分の部屋があるのが理想ですが、子ども部屋はあっても、夫や妻用の部屋を持つのは難しいもの。そんな時は、リビングやクローゼットの中に夫（妻）の本や雑貨を置く棚を入れるなどして、専用のスペースをつくりましょう。

こうすれば、増築や広い家へ住み替える費用をかけずに、家族のプライベート空間を用意できます。

子どもが片づけ上手になる方法

子どもには、成長に合ったプライベート空間と片づけルールをつくり、できたことをほめながら、片づけを教えましょう。

どこに片づければいいか、自分で考えられるように声をかけましょう

片づけの手順を教える

まずは散らかったものを１カ所にまとめることを教えます。次に、絵本、車などに分類し、それぞれの場所にしまうことを教えましょう。

出したらしまうをくり返し教える

ものをしまう場所は子どもと一緒に決めます。出したら戻すのをくり返すことで、自然と定位置にしまうことを覚えていきます。

できたことをほめると、子どものやる気もアップ

子どもが使いやすい収納道具を選ぶ

衣装ケースは、子どもが出し入れできる高さで、奥行きがあまりなく、引き出しの開け閉めに力がいらないタイプを選びます。

リビングに勉強コーナーをつくる

リビングで子どもの勉強を見る場合は、勉強道具はリビング、おもちゃは別の部屋に置くようにすると、勉強に集中できます。必要な勉強道具をカゴや箱にまとめておけば、取り出すのもしまうのもラクチンです。

おもちゃは1つの箱にまとめる

おもちゃを1つの箱にまとめると、遊ぶ時もこれだけ出せばいいのでラクチン。大きな箱の中に、小さい箱を入れるなどして、サイズが違うものも一緒に収納しましょう。また、シールなどの細かなものはスライド式のジップ袋に。中も見え、子どもにも開けやすいのでおすすめ。

いるものは、今使っているものだと教える

おもちゃを捨てる時、子どもは「いる」「いらない」の判断がつかないので、「使っているものだけを箱に入れて」と声をかけます。その後、今使っているもの＝残すもの、使っていないもの＝捨てるものだと教えましょう。「捨てる」と言うと傷つく子には「お友達にあげる」と説明してもOKです。

文房具は用途に分けて収納する

こまごまとした文房具は散らばりがちで、紛失しやすいものです。「書くもの」「切るもの」「貼るもの」などの用途に分けて、グループごとにしまいましょう。引き出しの場合、開けると上から見える位置にラベルを貼ると、外から見えず、見栄えよくしまえます。

本は分類して残すものを決める

本は、「今読んでいるもの」「今後読まないもの」「思い入れのあるもの」の3つに分けて、今後も読む可能性のあるものだけを残します。電子書籍や図書館などを利用して、本を増やさないことも大切です。

奈々先生の片づけコラム

クリアファイルをインデックスに

本や雑誌の収納には、インデックスが便利です。専用のグッズがなくても、クリアファイルがあれば簡単につくれます。

本や雑誌のインデックスを手づくり

主人も私も本が好きでよく買いますが、定期的にメンテナンスをして、収納スペース以上には増えないようにしています。本は、いつか読もうと思っても「いつか」は来ないもの。「新しい本を読むので精一杯」そう思って、読んでいない本や雑誌を手放しています。

残すものが決まったら、ジャンルごとに分けて収納。項目を書いた紙をクリアファイルなどに挟み、横長にして本の間に差し込むだけ。書店のようなインデックスが簡単につくれ、本を戻しやすくなります。

第３章

お金の片づけ

ものもお金も
管理方法は同じ。
お金も上手に片づけましょう！

銀行ATM
給料日前なのに
ATM
こんなに残高がある!!
BANK
キャッホー
そういえば最近の私って買い物上手
無駄買いがずいぶん減ったなあ
SALE
だし
これはまだ家にあるわ
…って感じでさあ
ほらね片づけるとお金が貯まるって言ったでしょ
じゃあいよいよ次はお金の片づけね
お金の片づけ？
奈々先生が教えてくれるから1ヵ月家計簿つけてみて
お金も片づけるとは奈々先生すごい!!
やってみる!
1カ月後

お金の管理と片づけは似てるの
お金
家計簿をつけると何にいくら使っているかがわかる
片づけ
片づけると何を持っているかわかる
無駄をなくして、必要なものだけにできる
手順も同じよ
① 全部出す
② いるもの、いらないものを分けて整理する
お金を全部出す？
お金の片づけは
① 全部出す
＝
家計簿をつける
麻衣子さん家計簿はつけてますか？
オススメの家計簿を使ってみたんですけど3日で挫折して…
レシートだけためました…
食費が主菜・副菜・調味料に分かれてるのね…
こんなに項目が細かいのは初心者にはムリよ

いい？ 項目数は
収納ボックスと同じよ
どこに入れればいいの〜っ!?
分類が細かすぎると
どこに入れていいか
わからなくなって挫折するの
は〜 そうか…
私も失敗したわ…
はじめはこのくらいの
ベーシックな項目で
住居費
食費
日用雑貨費
水道・光熱費
通信費
保険代
小遣い
クルマ関連費
レジャー費
交通費
医療費
交際費
衣服費
予備費
それでは、この項目で
1ヵ月分書いてみて
え〜っと
うわー
意外と
通信費
高いっ
これが
②いるものと
いらないものを
分けて整理するってことよ

無駄な出費をカットすれば貯金にまわせるわ
例 スマホアプリの月額料金 300円
なくせば1年で3,600円貯まる！
あっ！これやめよ！
家計簿
家計簿ってすごいですね でも
続ける自信がなくて…
続けるコツは いつものスケジュールに組み込んで習慣化するといいの
夕食の片づけが終わったら
家計簿をつける
わざわざ専用のノートを用意しなくても
PC
スマホ
スマホアプリやエクセルを使ってもいいのよ
一番のオススメは 目標を決めること
200万円貯めて
クルマ買うぞとか
500万円貯めて
ローン
の 頭金にするとか
コレ重要よ!!
自家用ジェットで
世界一周旅行したいな…
セレブ生活
うへへ
ちょっと…

家計簿を使って
お金を片づける

ものもお金も管理の仕方は同じ
片づけると無駄が見えてくる

片づけとお金の管理は似ています。ものを片づけると何をいくつ持っているかが見えるようになり、無駄な買い物をしなくなります。それと同じで、家計簿をつけると何にいくら使っているかがわかり、お金の使い方を工夫できるようになります。

現在の収支を知り、無駄を省いて、目標に向けての貯蓄プランを立てましょう。家計簿は3ヵ月以上続けると効果があるので、食事や入浴など毎日することの後に家計簿をつけて習慣化しましょう。

また、家計簿をつけると持っているお金の少なさに落ち込むという人は、残高を見て「これだけしか使えない」と思うのでなく、「これだけ使える」とポジティブに考えるようにすると、家計簿をつけるのが楽しくなります。

家計簿でお金を貯めるステップ

以下の３ステップで家計簿を使いこなし、お金の片づけとやりくりがうまくできるようになりましょう。

1. お金の流れを把握する

毎月の光熱費や通信費、食費や美容費など、何にいくら使っているかを明確にし、無駄遣いもここでチェック。

2. 貯金の計画を立てる

毎月必要なお金をもとに、貯金額を決めましょう。「余った分を貯金」では貯まらないので、給与天引きなどで先に貯める仕組みに。

3. 予算内でやりくりする

固定費の金額はある程度決まっていますが、変動費は使い方しだいで大きく変わります。費目別に予算を立ててやりくりしましょう。

自然にお金が貯まる仕組みをつくる

ストレスなく貯まる仕組みをつくり目標を決めて貯めましょう！

家計簿をつけると、どこで何を買うことが多いかに気づきます。「ほぼ毎日コンビニに通って、週に2000円も使っていた」「ママ友とのカフェ代やランチ代でお小遣いを使い果たしている」など、気づいたことはすぐ改善しましょう。

家計の無駄をなくしたら、その分を貯金にまわしましょう。その際、1ヵ月生活して余ったお金を貯めようとすると、計画的な貯金ができません。給与が入ったら一定額が自動的に貯金されるような仕組みをつくれば、無理なく貯められます。また、子どもの教育や養育費、老後の生活などには大きなお金が必要になります。「いつ・何に・いくら」必要になるかを事前に調べておくと、貯める目標が見えて、モチベーションが上がります。

お金を貯める仕組み

「いつまでにいくら貯めたいか」を明確にし、そのために毎月いくら貯金するかを決めれば、手堅く貯められます。

自動引き落としで毎月確実に貯める

会社の財形や社内預金は非課税などの好条件が多いので、積極的に利用を。なければ、自動引き落としの積立預金で確実に貯めましょう。

目的があればお金は貯まる

目的がはっきりしていない貯金は、挫折しがち。目的と目標金額を明確にすると、「毎月これだけ貯める！」という意識が高まります。

子育て費（1人につき）

3000万～4000万円

老後の生活（60～85歳の25年間）

6810万円

住宅購入

3500万円

※上記の金額は全て目安です

費目の分け方

毎月決まった支払いがあるものを固定費、
それ以外の生活費を変動費と言います。

固定費

・住居費（家賃や住宅ローン）
・駐車場代
・水道・光熱費・電話代
・インターネット通信費
・衛星放送費
・新聞代
・習い事の月謝
・保険料
・こづかい
・貯金　など

変動費

・食費

食材や調味料、酒、お菓子など。外食も食費ですが、レジャーの時はレジャー費に入れます。

・日用雑貨費

洗剤、トイレットペーパー、シャンプー、せっけん、掃除用品、キッチン用品など。電池や電球なども日用雑貨に入れます。

・交通・通信費

電車、バス、タクシー代、切手やはがき、宅配品代など。レジャーでの交通費はレジャー費、贈り物の送料は交際費へ。

・医療費

病院の診察代や薬代、ドラッグストアで買った薬代やマッサージなどの費用。通院にかかった交通費もここへ。

・レジャー費

遊びに行った時の交通費、施設の入場料、飲食費など。

・クルマ費

主にガソリン代。車検、洗車やカーアクセサリーもここへ。

・衣料費

洋服や下着、靴下、パジャマ、靴、かばん、アクセサリーなど。クリーニング代もここへ。

・交際費

親戚や友人へ手みやげなど。友人との喫茶代などは、こづかいでやりくりしましょう。

・予備費

冠婚葬祭など急な出費や、赤字に備えるお金。月に１～２万程度積み立てて備えましょう。

・美容費

美容院代や散髪代、化粧品など。

レシートは財布に入れず買い物袋へ

レシートをもらったら、財布ではなく買い物袋の中に入れましょう。買ったものを家で取り出す時にレシートも出して、所定の場所にしまうようにすると、財布に入れっ放しになるのを防げます。レシートは家計簿と一緒にしまうか、キッチンにまとめておくと管理しやすく便利。

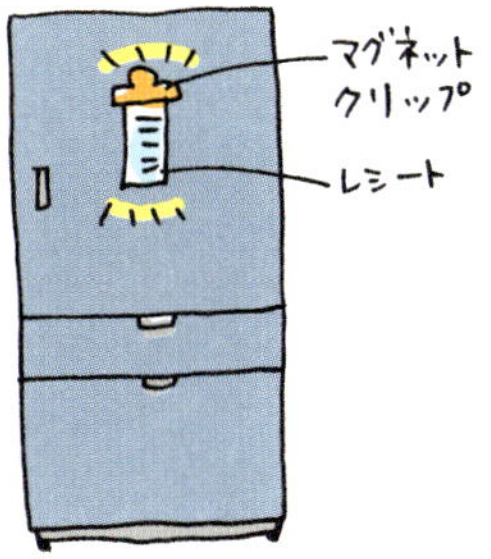

クリップにはさんで、
冷蔵庫にマグネットでつける

便利な家計簿アプリもおすすめ

家計簿アプリを使うと、様々な機能が使えます。レシートを撮影すると支出内容を自動で入力してくれるもの、銀行やクレジットカードの入出金を自動で取得してくれるもの、家計バランスを分析してアドバイスをくれるものなどがあります。無料のものが多いので、いろいろ試してみるのもいいでしょう。

カードの支払いは使った日に記録する

クレジットカードを使うと、購入日と支払い月がずれて家計管理がしにくくなります。カードを使って買い物をしたら、使った日の支出として家計簿をつけ、現金での購入と同じように考えましょう。

家計簿に○×をつけて買い物を振り返る

毎日のレシートをもとに、自分の買い物を振り返りましょう。買い物の内容に無駄がなければ○、無駄なものがあれば×をつけて、自分の買い物のクセやどういう無駄買いが多いかをチェック。また、外出すると必ずコンビニに寄るなどの悪習慣に気づいたら、すぐに改善しましょう。

固定費を見直すと簡単に節約できる

食費などをちまちま節約するより、不必要な固定費を減らすと大幅な節約につながります。まずは新聞と電話代。朝夕の新聞をやめれば、月に約4000円カット。プロバイダーやスマホを安いプランへ切り替えたり、あまり通っていないスポーツジムや習いごとの月謝を見直すと、毎月数千円の節約になります。

ライフステージが変わったら保険を見直し

不必要な保障のために保険料を払うのは無駄のもと。子どもの出産などで生活スタイルが変わったら、保険の見直しを。子どもが小さいうちは、親に万が一のことがあった際、養育費や教育費に困らないよう手厚い保障が必要ですが、成長とともに保障額は減らしてOK。保険料は月収の5％を目安に家計のバランスを考えて見直しましょう。

特別費の積み立てで想定外の出費をカバー

費目ごとに予算を立てても、結婚の祝儀など、予想外の出費で赤字になることも。そんな状況を防ぐため、あらかじめ特別費を積み立てておきましょう。特別費は1年で10～20万円程度を用意すると安心。ボーナス月に10万円よけておくか、毎月1～2万円を積み立てするのがおすすめです。

大きな買い物は減価償却《げんかしょうきゃく》で考える

「300万円の車が欲しい。でも、そんな余裕があるかしら」と思ったら、それを何年使うかを考えます。もし10年乗るなら、1年あたり30万円、1カ月は2万5000円になります。高額な買い物は支払い額を月々の負担額にまで落とし込み、今の家計にその負担ができるかを検討した上で購入しましょう。

目標を共有し家族みんなで節約する

家計のやりくりは「家族の幸せ」のためにします。マイホームを買うため、子どもの学費のため、夫婦の老後のために貯金をしていることを家族全員にわかってもらうことが大切。自分だけが必死に節約しても、家族が浪費していては、貯まるものも貯まりません。家族みんなで目標を共有し、節約しましょう。

1年後
おじゃま
しまーす
いらっしゃーい
ワイ
ワイ
いろいろ用意したの
たべてー♡
おいしへ～
いただきまーす♡
おいしそー

1年前とは大違いね
人を呼べる家になるなんて夢みたい
ルン
あこがれのホームパーティ♪
ルン
次ぼくの番〜
お家もキレイになったけど麻衣子さんもキレイになったわね
エヘヘ♡
片づけが習慣になったら
これはここ
これはこっち
ささっ
ダラダラしなくなって自然に5キロやせたんです
ダラダラ
POTATO
夫や子どもも片づけ上手になったの
美咲ちゃんのおかげね♡
読んだらしまう
ボールはココ
ボール

それもこれも美香さんと奈々先生のおかげです
ペコリ
あっ これ ハワイ？
そう 行ってきたの
片づけをしたら…
無駄買いが減って
えっと
まだあるから買わない
食費使いすぎてる後半ひきしめよう
家計簿をつけたらお金の無駄もわかって
毎月4万円貯金できるようになったの
BANK
給与天引
前は…
あれってどこだっけ？
探すこと1時間…
ものが見つからない！
バケツあった～
ぞうきんここか!!
動線が悪くて無駄に動く
無駄な時間がかかってたけど
片づいたら家事の時間が減ったから働くことにしたの
月収5万円UP
いらっしゃいませー

その結果
1年で
1万円
100万円
貯まったの！
だから思い切ってハワイへ
一生の思い出になったわ
素晴らしいわ
麻衣子さん
片づけはね
家族を
幸せに
するのよ
じーん
感動したわっ
次の目標は
マイホーム
目指せ
1000万!!
ちょっと本当に麻衣子なの!?

[監修] 小川 奈々（おがわ なな）

整理収納アドバイザー　感動の整理収納 in Nagoya 主宰

1976年、広島市生まれ。横浜国立大学卒業後、病院の事務職に就く。2007年、結婚を機に退職。2011年に整理収納アドバイザー1級を取得し、2013年に感動の整理収納 in Nagoya 設立。翌年、「整理収納コンペティション2014本選プロフェッショナル部門」グランプリを受賞。

感動の整理収納 in Nagoya　http://www.kandouseiri.com/

[参考文献]

ズボラさんのための片づけ大事典（エクスナレッジ）／一番わかりやすい整理入門（ハウジングエージェンシー）／ワーキング・ウーマンのための超整理法（角川書店）／家計一年生（主婦の友社）他

イラスト	えのきのこ	編集	鈴木ひろみ（リベラル社）
装丁デザイン	キムラナオミ（2P Collaboration）	編集人	伊藤光恵（リベラル社）
本文デザイン	渡辺靖子（リベラル社）	営業	青木ちはる（リベラル社）

編集部　宇野真梨子・廣江和也・海野香織

営業部　津田滋春・廣田修・中村圭佑・三田智朗・三宅純平・栗田宏輔

片づけたら1年で100万円貯まった！

2015年11月25日　初版

編　集　リベラル社

発行者　隅田 直樹

発行所　株式会社 リベラル社

〒460-0008　名古屋市中区栄3-7-9　新鏡栄ビル8F

TEL 052-261-9101　FAX 052-261-9134　http://liberalsya.com

発　売　株式会社 星雲社

〒112-0012　東京都文京区大塚3-21-10

TEL 03-3947-1021

印刷・製本　株式会社 チューエツ

ISBN978-4-434-21360-1